Karin Mönkemeyer

Kindliche Sexualität – heute

Karin Mönkemeyer

Kindliche Sexualität - heute
Tabus - Konflikte - Lösungen

BELTZ

Umschlaggestaltung: Federico Luci, Köln
Umschlagphoto: Image Bank, Düsseldorf
Gesamtherstellung: Druckhaus Beltz, Hemsbach
ISBN 3-407-85725-X

Inhalt

Zuvor

Versonnen sitzt der dreijährige Mark im Sandkasten, beide Hände in der Hose, und spielt mit seinem Penis. Offenbar genießt er in aller Öffentlichkeit die in ihm aufsteigenden Gefühle. Die Eltern sind schockiert. Sie reißen ihm die Hände aus der Hose. Es gibt einen Klaps auf die Finger und die strenge Ermahnung, daß diese da unten nichts, aber auch gar nichts zu suchen haben.

Die Redaktion „unser kind" hat die „Hamburger Gesellschaft erfahrungswissenschaftliche Sozialforschung" 1986 gebeten, Eltern zu befragen, was sie von kindlicher Masturbation halten. Knapp die Hälfte war damals der Meinung, daß sie ganz normal sei. Aber vierzehn Prozent sagten: „Wenn Erklärungen und Ermahnungen nichts fruchten, muß man onanierende Kinder streng bestrafen."

Möglicherweise hätten Marks Eltern letzterem zugestimmt. Vielleicht aber haben sie auch nur darum so heftig reagiert, weil Mark sich so ungeniert in aller Öffentlichkeit selbst befriedigte. Wie auch immer: Besonders einfühlsam haben sie sich dem Kind gegenüber nicht gerade verhalten.

Sexualerziehung – früher dachte man dabei nur an Aufklärung über Zeugung, Schwangerschaft und Geburt sowie über die körperliche Lust und die Liebe. Sexualerziehung aber bedeutet mehr, bedeutet vor allem, ein Kind in seiner sexuellen Entwicklung einfühlsam zu begleiten, es zum Beispiel nicht durch ständige Verbote oder Tabus zu hemmen oder zu belasten, sondern möglichst wenig einzugreifen, ihm aber eine Atmosphäre von Zärtlichkeit, Liebe und Geborgenheit zu schaffen.

Um das leisten zu können, muß man die sexuelle Entwicklung des Kindes kennen. Darum zeichnet dieses Buch diese Entwicklung nach. Dabei werden für jede Entwicklungsstufe

auch typische sexuelle Äußerungen des Kindes beschrieben sowie mögliche einfühlsame Reaktionen der Eltern. Die sind nämlich ungeheuer wichtig. Denn die elterlichen Reaktionen auf die kindlichen sexuellen Erlebnisse setzen Maßstäbe. Abwehr, Abscheu oder Verbote bauen Hemmungen auf, die lebenslang das partnerschaftliche Verhalten prägen können oder zumindest nur sehr schwer wieder abzubauen sind.
Aufklärung über Zeugung, Schwangerschaft und Geburt, über die körperliche Lust und die Liebe gehört natürlich auch zur Sexualerziehung. Sie ist aber keine Aktion, die zu einem bestimmten Termin fällig wird. Aufklärung bedeutet nichts anderes, als alle Fragen über den sexuellen Bereich genauso bereitwillig zu beantworten wie Fragen nach Sonne und Regen, nach Umweltschutz und dritte Welt, nach Fernseher und Computer. Einfühlsame Aufklärung heißt, diese Fragen immer dann zu beantworten, wenn sie gestellt werden und nur so weit, wie es das Kind in diesem Moment interessiert.
Sexualerziehung aber will darüber hinaus auch bestimmte Werte vermitteln. Welche das vor allem sind, entscheiden die Eltern selbst. Es ist eben das, was ihnen an Sexualität besonders wichtig ist. Um Beispiele zu nennen, nenne ich zwei Werte, die mir am Herzen liegen:
Die Befriedigung sexueller Bedürfnisse darf nie gegen den Willen des sexuellen Partners erzwungen werden. Das bedeutet: eine totale Absage an sexuelle Gewalt. Die Sexualität ist Privatsache. Das bedeutet Toleranz gegenüber jeder auch mir fremden Art, Sexualität zu leben, solange sie mir nicht aufgezwungen werden soll.

Von der Sexualität des Säuglings

Sexuelle Regungen des Neugeborenen

Oliver ist gerade eine Stunde alt. Kaum waren Mund und Luftwege vom Schleim befreit, kaum also hatte das Kind seine ersten eigenen ungehemmten Atemzüge getan, da suchte sein Mund, suchten Lippen und Zunge schon nach der Mutterbrust.

Die Hebamme legte den Jungen nackt auf den nackten Körper der Mutter, bedeckte Rücken und Schulter mit einem wohlig warmen Tuch. Die Mutter streichelte zärtlich mit ihrer Brustwarze Olivers zierliche Wange. Da wandte sich das Kind bereits zielsicher und mit offenem Mund der Brustwarze zu, obwohl es sie noch gar nicht erkennen konnte.

Liebevoll stützte Olivers Vater mit der Hand den kleinen Kopf an der Brust, bis Mutter und Kind die behaglichste Lage für sich gefunden hatten. Der Junge spürte Mutters weiche warme Haut, ihren Herzschlag und die anderen ihm längst vertrauten Körpergeräusche. Wahrscheinlich fühlte sich der Kleine fast so geborgen wie im Mutterleib.

Er saugte und saugte und bekam dabei Kolostrum, die wertvolle Vormilch. Saugen muß ein Kind nicht erst lernen. Denn der Mensch besitzt einen angeborenen Saugtrieb.

Als Oliver längere Zeit innegehalten hatte, schob die Mutter vorsichtig einen Finger in seinen Mundwinkel, was eine besonders einfühlsame Art ist, ein Kind von der Brust zu nehmen. Sie wollte den Sohn für eine Weile dem Vater überlassen, der einbezogen sein sollte in diese erste gemeinsame zärtliche Stunde. In seinen Armen schlief Oliver dann für ein paar Augenblicke ein. Doch bald war er wieder voll da und ungeheuer lebhaft. Und weil das erste Saugen nur wenige Minuten gedauert hatte, wollte der Junge gleich wieder an die Brust und bekam sie auch. Denn Stillen nach Bedarf, das hatten sich die Eltern vorgenommen. Und damit wollten sie sofort beginnen.

Inniger und liebevoller können Eltern ihr Kind kaum willkommen heißen.

Hat Oliver während dieser ersten körperlichen Nähe zur Mutter nach der ja zunächst brutal trennenden Geburt körperlich-sinnliche Lust empfunden? Diese besonders sensiblen Eltern mußten sich das fragen, weil ihnen nicht entgangen war, daß es während dieser zärtlichen Begrüßung bei Oliver zu dem gekommen war, was Wissenschaftler eine reflexhafte Erektion nennen. War das ein Zeichen für eine erste sexuelle Regung, Erregung?

Die Eltern, beide Psychologen, ließen sich durch diese zunächst völlig unerwartete Beobachtung nicht aus der innigen Verbindung reißen, registrierten sie lediglich, schlossen das Kind nur um so liebevoller in ihre Arme und verschoben das Nachdenken darüber mit sicherem Instinkt auf später.

Ein Mensch ist ein Mensch, auch wenn er eben erst geboren wurde. Und darum hat er auch von Anfang an alle für den Menschen wesentlichen Anlagen. Das bedeutet auch: Schon das Neugeborene ist ein sexuell begabtes Wesen.

Es war Sigmund Freud, dem das Verdienst zukommt, diese Tatsache als erster Wissenschaftler ausgesprochen zu haben. Bis dahin nämlich glaubte man, ein Kind sei ein neutrales Wesen. Sexualität wüchse dem Menschen erst während der Pubertät zu. Das glaubt heute wirklich niemand mehr. Die Entwicklungspsychologen sind sich einig: Das Sexuell-Sein gehört zum Menschen von Geburt an – oder auch schon in

den letzten Monaten davor. Freud nun war sogar davon überzeugt, daß der sexuelle Trieb das Fühlen, Denken und Verhalten zeitlebens beherrscht, daß also selbst das Fühlen und Verhalten eines Säuglings schon einzig von diesem Motor angetrieben wird. Diese Thesen des Vaters der Psychoanalyse haben heute allerdings schon mehr Gegner als Befürworter.
Was nun allerdings die Entfaltung des Menschen in seiner ersten Lebensphase angeht, so sind die Erkenntnisse, die Freud in diesem Punkte widerlegen, allerneuesten Datums. Denn erst in jüngster Zeit hat die Wissenschaft Untersuchungsmethoden entwickelt, die es uns erlauben, das Erleben eines Säuglings besser zu verstehen. Vor allem Daniel N. Stern hat aus diesen neuen Erkenntnissen eine einleuchtende Theorie entwickelt, die diese Freudsche Vorstellung vom schon beim Baby beherrscheriden Sexualtrieb widerlegt:
„Das frühkindliche Erleben ist einheitlicher, globaler. Den Säugling kümmert es nicht, in welchem Bereich seine Erfahrungen auftreten. Er nimmt Empfindungen, Wahrnehmungen, Aktionen, Kognitionen, innere motivationale und Verhaltenszustände unmittelbar wahr: als Intensität, Form, Zeitmuster, als Vitalitätsaffekte, kategoriale Affekte, Lust oder Unlust. Das sind die Grundelemente des frühkindlichen subjektiven Erlebens.“[1]
Das klingt sehr theoretisch, beantwortet aber zum Beispiel auch die ganz praktische Frage nach der Bedeutung jener „reflexhaften Erektion“, die Olivers Eltern erstaunt beobachtet haben. Nach Sterns Erkenntnissen ist sie eben noch keine sexuell geprägte Reaktion auf ein sexuelles Verlangen oder eine sexuell gefärbte Lust. In dieser Lebensphase ist sie dagegen noch ein allgemeines Zeichen für ein allgemeines körperliches Wohlbehagen des Säuglings. Ebenso wie bestimmte Nuancen des Lachens und Weinens erst allmählich eindeutige Zeichen für bestimmte Formen des Wohlbehagens oder der Unlust werden, so wird auch dieses Zeichen für die Emp-

findungen des Kindes erst später eindeutig für eine sexuelle Erregung stehen.

Wie alle anderen Wahrnehmungen und Empfindungen, ist auch die sexuelle Lust und Erregung anfangs unlösbar mit vielen anderen Arten des Wohlbefindens verquickt. Das Kind hat, wenn es dieses Zeichen setzt, ein allgemeines Wohlgefühl, das mit Geborgenheit, Wärme und Nähe, mit Zärtlichkeit und Einssein mit dem anderen zu tun hat, das Kindesliebe und Elternliebe umfaßt, ein Urvertrauen, die Gewißheit also, hier die für das Überleben nötige Fürsorge zu finden und wohl bewahrt zu sein.

Alle diese Elemente sind zu einem einheitlichen Gefühl vereinigt, das erst in den nächsten Monaten allmählich ausdifferenziert wird.

Verlangen nach Einssein

Aus der neuesten Säuglingsforschung wissen wir auch: Die weitere Entwicklung vollzieht sich in Schüben und Sprüngen. Solche gibt es vor allem zwischen dem zweiten und dritten Lebensmonat, zwischen dem fünften und sechsten, dem neunten und zwölften und dem fünfzehnten und achtzehnten Lebensmonat.

Daniel N. Stern betrachtet die Entwicklung in dieser Zeit vorrangig unter dem Aspekt der Wahrnehmung des Selbst. Unter diesem Blickwinkel vollzieht sich die Entwicklung so: Zwar kann ein Kind oft schon bald nach der Geburt seinen Mund zu einem Lächeln verziehen. Das scheint eine Art mimische Nachahmung zu sein, deren Zustandekommen gegenwärtig noch nicht eindeutig geklärt ist. Einen anderen, etwa die Bezugsperson, wirklich anlächeln, wozu ein Blickkontakt gehört, das kann ein Kind erst nach dem ersten Entwicklungsschub, also zwischen dem zweiten und dritten Lebensmonat. Dieses sogenannte soziale Lächeln hat eine wichtige Bedeutung für die Selbstwahrnehmung des Kindes. Zunächst ist die Beziehung zum anderen bestimmt vom passiven Einssein, das noch aus der Unfähigkeit entsteht, sich als körperlich vom anderen abgegrenztes Selbst zu erfahren. Die Möglichkeit, nun einen Blickkontakt aufzunehmen oder zu beenden, bringt zum erstenmal eigene Aktivität ins Spiel. Es ist gleichsam ein erster Vorgeschmack auf die spätere Fähigkeit, sich körperlich auf einen anderen zuzubewegen oder sich zu entfernen.

Nach dem zweiten Entwicklungsschub erlebt das Kind seine eigene Handlungsfähigkeit in umfassenderer Weise, erfährt sich als ein körperlich ganz und gar vom anderen abgegrenztes Selbst. Es kann sich auf den anderen zu- und von ihm wegbewegen. Erst nach dem Begreifen des Getrenntseins

kann Einssein aktiv gewünscht und erfahren werden. Das Verlangen nach wiederholtem Einssein entsteht als aktive Organisation des Zusammenseins. Auch hier liegt bereits eine Wurzel des sexuellen Verlangens.
Der letzte Entwicklungsschub führt zur Wahrnehmung des verbalen Selbst und damit zur Wahrnehmung des eigenen Vermögens, sich und seine Befindlichkeit mit Worten auszudrücken, was auch eine neue wunderbare Chance für das ersehnte harmonische Zusammensein eröffnet, die Möglichkeit, sich bewußt mit dem anderen abzustimmen, sich auch auf ihn einzustimmen. Wird der Sexualtrieb auch als Sehnsucht verstanden nach Überwindung der Grenze zum anderen, die zum Einssein führt, so ist in dieser neuen Wahrnehmung des sich entwickelnden Selbst auch eine Herauslösung, eine Ausdifferenzierung des sexuellen Begehrens aus dem allgemeinen Wohlgefühl enthalten.

Die orale Phase

Für Sigmund Freud stand fest: In den ersten beiden Lebensjahren durchlebt der Mensch unter dem Aspekt der Sexualität die sogenannte orale Phase. Für ihn ist der Mund auf dieser Entwicklungsstufe die spezifisch erogene Zone. Die Bezeichnung ist vom lateinischen Wort ‚os' = Mund (2. Fall: oris) abgeleitet.
Die neuen Erkenntnisse der Säuglingsforschung erlauben uns zwar, Abschied von dem Gedanken zu nehmen, daß es im frühesten Lebensalter bereits ein eindeutig sexuell gefärbtes Erleben gibt. Darum ist es auch unsinnig, für diese Entwicklungsstufe eine erogene Zone zu bestimmen, also einen Ort des triebbesetzten Handelns.
Unbestritten aber ist, daß der Mund das Organ ist, mit dem das Kind in diesem Alter am intensivsten mit seiner Umwelt in Beziehung tritt. Zwar konnten die neuen Methoden der Säuglingsforschung vor allem bei der Untersuchung der Fernsinne Gesicht und Gehör angewendet werden, und der Mund als Ort der Wahrnehmung fand darum dabei etwas weniger Beachtung. Das Baby aber empfindet den Mund unbekümmert immer noch als wichtigste Informationsquelle über die Dinge dieser Welt.
Alles, was das Baby ergreifen kann, schiebt es blitzschnell in den Mund. Die Nervenenden im Mund liefern ihm zwischen dem vierten und zehnten Lebensmonat verläßlichere Informationen als die Hände. Und darum untersucht das Kind, was es näher kennenlernen will, stets zumindest auch mit dem Mund. Der Schmusebär ist weich und plüschig, der Baustein hart und glatt, Papier ist dünn, und manches saugt sich voll Spucke, der eigene Daumen liegt weich und fest im Mund ...
Außerdem: Immer saugt das Baby seine Nahrung mit dem Mund ein. Es saugt und nuckelt. Und weil das zumindest mit

dem angenehmen Gefühl der Sättigung verbunden ist, wird das Saugen und Nuckeln positiv besetzt. Liegt das Kind dabei an der Mutterbrust, kommen mütterliche Nähe und Wärme dazu, vielleicht sogar die vertraute Stimme und zärtliches Berühren und Streicheln. Alle diese angenehmen Zuwendungen können sich übrigens auch verselbständigen zu einer Phantasie von Nähe, wenn das Kind nicht bei der Mutter, sondern allein in seinem Bett liegt und saugt und nuckelt.

Diese Phantasie läßt sich noch beflügeln. Ein Kind, das nicht einschlafen kann, weil es sich nicht beruhigen läßt, verliert seine Unruhe meist, wenn man ihm ein Tuch gibt, das die Mutter vorher in Körpernähe aufbewahrt hatte, das also nach der Mutter riecht und an dem das Kind nun nuckeln darf. Das löst die Phantasie von mütterlicher Nähe aus. Die Phantasie von Nähe, die das Kind sich da schafft, ist unbestreitbar auch eine Wurzel der sich entwickelnden Sexualität.

Mütter, die ihr Kind beim Stillen sensibel beobachten, bemerken bald, daß es an der Brust nicht nur Milch saugt, daß es oft nicht von ihr abläßt, obwohl es bereits satt ist. Die Mutterbrust wird zunehmend eine mehrdeutige Freude, die Nahrungsquelle für das hungrige Kind, aber das Objekt körperlich-sinnlicher Lust, wenn es satt ist und doch an ihr nuckelt, mit ihr spielt, sie aus seinem Mund gleiten läßt, lacht und wieder nach ihr schnappt. Und schläft das Kind an der Brust ein, zeigt sein Lächeln schon die Entspannung nach einer körperlichen Erregung.

Nimmt sich die Mutter Zeit fürs Stillen, weil sie es nicht nur als Abfüttern des Kindes versteht, sondern immer auch als innige Schmusezeit, kann sich das Kind emotional optimal entwickeln.

Doch eine sinnliche Atmosphäre entsteht nicht allein beim Stillen. Sie kann sich auch beim Baden, Eincremen, Windeln, Massieren und Spielen verbreiten, wenn sich Vater und Mutter auf die Wünsche des Kindes einlassen, ihm Nähe, Wärme und Zärtlichkeit schenken, wenn es danach verlangt, wenn es zudem spürt, daß das Schmusen auch den Eltern Spaß macht und daß sie es schön und gut finden.

Zwar ist der Mund nicht das einzige Organ, mit dem sich das Kind in diesem Alter sinnliche Lust verschaffen kann, aber es ist zweifellos in diesem Lebensabschnitt das hierfür wichtigste. Trotzdem ist Freuds „orale Phase“ heute in neuem Licht zu sehen. Denn der Vater der Psychoanalyse hatte ja einst behauptet, daß schon beim Baby das Lustprinzip das Realitätsprinzip beherrscht, daß die ES-Triebe die ICH-Triebe dominieren. Es würde bedeuten, daß der sexuelle Trieb schon beim Säugling das Verhalten bestimmt und auch das aufkeimende Fühlen und Denken. Das aber scheint nach den neuen Ergebnissen der Säuglingsforschung auf keinen Fall mehr vertretbar.

Daniel N. Stern faßt die neuen Erkenntnisse so zusammen:

„Der beobachtete Säugling bietet aber ein ganz anderes Bild dar. Abgesehen von der Hunger- und Schlafregulierung (was freilich keine geringe Einschränkung darstellt) fallen vor allem diejenigen Funktionen ins Auge, die man in der Vergangenheit als ICH-Triebe hätte bezeichnen können – also die stereotypen Explorationsmuster Neugier, Wahrnehmungspräferenzen, Suchen nach dem kognitiv Neuen, die Lust an der Bemeisterung, sogar Bindungsstreben, die sich in der Entwicklung entfalten...“[2]

Demnach erscheint beim Säugling das Lustprinzip nicht als Beherrscher des Realitätsprinzips, das ES nicht als dem ICH gegenüber dominant.

„Die Ergebnisse sprechen weit mehr für eine von Geburt an simultane Dialektik zwischen einem Lust- und einem Realitätsprinzip, zwischen dem ES und dem ICH.“

Das Baby empfindet also auch körperlich-sinnliche Lust, aber diese beherrscht nicht sein gesamtes Verhalten und Bestreben. Diese erste Stufe der sexuellen Entwicklung kann aber, darin sind sich auch die heutigen Sexualforscher einig, zur „glück-

lichsten Zeit des Lebens“ werden, wie es zum Beispiel der bekannte Sexualforscher Ernest Bornemann formuliert. Er begründet das so:
„Nie wieder (außer vielleicht in der allerersten, der polymorphen Zeit) kommen so viele glückbringende befriedigende Elemente zusammen. Das Kind hat keine Sorgen, braucht sich weder um Arbeit noch um Gelderwerb zu bemühen, empfindet die Welt als absolut sicher, wird gefüttert, wenn es hungrig ist (so sollte es zumindest sein), wird getröstet, wenn es weint, wird trockengelegt, wenn es sich naß macht, wird umarmt, geküßt, gestreichelt. Nie wieder wird die Nahrungsaufnahme von so vielen sinnlichen Reizen begleitet. Mit der Lust am Stillen des Hungers und des Durstes verbindet sich das angenehme Gefühl des Saugens an der Brustwarze. Gleichzeitig drückt das Kind mit seinen Händen die warme, elastische Mutterbrust. Der warme Arm der Mutter hält den Körper des Kindes. Oft wird es dabei geschaukelt und gewiegt. Also werden Haut-, Muskel-, Oral- und Manualreize gleichzeitig vermittelt.
Es gibt weder Hemmungen noch Ambivalenz der Gefühle. Das Kind wird weder durch Liebe noch durch Haß verwirrt. Zwischen der nährenden Mutter und dem saugenden Kind herrscht in dessen Psyche noch kein Gegensatz. „Ich“ und „Du“ bestehen noch nicht.“[3]

Sexualerziehung beim Baby

Solange die Psychoanalyse davon ausging, daß das Verlangen nach körperlich-sinnlicher Lust das ganze Verhalten und Bestreben selbst eines Säuglings beherrscht, mußten bei unguten Erlebnissen eines Babys in diesem Bereich schwerwiegende Folgen für die Persönlichkeitsentwicklung befürchtet werden. Die Widerlegung dieser These bringt Eltern nun eine große Entlastung. Wenn nämlich ein Kind im Säuglingsalter – aus welchen Gründen auch immer – auf diesem emotionalen Gebiet Mangel litt, so müssen danach Eltern nun nicht befürchten, daß dem Kind damit nie wieder gutzumachender Schaden entstanden ist.

Diese Erkenntnis hat zum Beispiel eine besonders große Bedeutung für das Frühgeborene, das die erste Lebenszeit statt bei der Mutter im Inkubator verbringen muß, wo auch bei allerbestem Willen die Schaffung mütterlicher Nähe kaum möglich ist. Es hat darüber hinaus eine ebenso große Bedeutung für alle anderen Neugeborenen, die aus medizinischen Gründen nach der Geburt noch für längere Zeit in der Klinik bleiben müssen. Auch Kinder, deren Mütter nach dem Gebären krank werden und darum oder aus anderen Gründen nicht gleich oder vielleicht sogar gar nicht stillen können, hätten nach der Freudschen Lehre kaum noch eine Chance für eine gesunde psychische Entwicklung.

Und das sieht heute eben alles ein wenig anders aus. Wird die emotionale Entwicklung in der ersten Lebensphase behindert, so handelt es sich nach heutiger Erkenntnis um einen Entwicklungsrückstand in einem Teilbereich, der auch in späteren Entwicklungsphasen noch aufgeholt werden kann.

Trotzdem gilt natürlich auch heute: Reibungsloser kann die kindliche Entwicklung verlaufen, wenn das Kind von Anfang an viel an elterlicher Nähe, Wärme und Zärtlichkeit genießen kann, wenn sich dabei seine Empfindungen differenzieren, verfeinern und vertiefen können. Einem solchen Kind muß man später nicht erst in einem eigenen Sexualerziehungsprogramm beibringen, daß Sexualität auch eine Menge mit Zärtlichkeit zu tun hat – mit zärtlichen Empfindungen und mit zärtlichem Umgang mit dem Partner. Es hat das dann selbst früh erfahren dürfen, und so wurde ihm das zur Selbstverständlichkeit. Und außerdem: Kleinen Kindern muß man gar nicht beibringen, was Zärtlichkeit und Sinnlichkeit ist. Sie wissen es, und wenn sie es nicht durch unglückliche Umstände verlernen, behalten sie es auch fürs Erwachsensein. Wenn sich Eltern auf das kindliche Gefühl und Spiel einlassen, gewinnen sie selbst dadurch, also durch das Kind sogar dazu.

So wird der wichtigste Bereich der Sexualerziehung in dieser frühen Kindheit fast eine Erziehung der Eltern durch das Kind.

Ein bißchen allerdings müssen Eltern dazu auch beitragen. Dabei geht es in erster Linie darum, das Kind in seinen Gefühlen, die spontan sind und natürlich, zu bestätigen. Wenn zum Beispiel eine Mutter mit dem Kind auf dem Wickeltisch spielt, es zärtlich berührt, es streichelt, kann es hin und wieder passieren, daß es zu der bereits erwähnten „reflexhaften Erektion“ kommt. Manche Mütter sind dann sehr erschrocken, weil sie nicht wußten, daß derlei ganz normal ist. Schnell packen sie das Kind in die Windeln. Abrupt ist das schöne zärtliche Spiel abgebrochen.

Diese Reaktion entgeht dem Kleinen nicht. Er spürt, daß etwas an dem Gefühl, das er da gerade zeigte, nicht in Ordnung ist. Wiederholt sich derlei gar, so wird das Kind dieses Zeichen für das Wohlgefühl, das es hatte, als etwas begreifen, was man besser verheimlicht, versteckt.

Wenn eine Mutter den Körper ihres Kindes an den verschiedensten Stellen berührt, die Teile schon einmal benennt „Das ist deine kleine Nase, das ist dein Mund, das sind deine winzigen Ohren, das deine Arme, deine Hände, dein Bauch" – und dann macht sie einen großen Sprung und fährt erst beim Knie fort, auch dann versteht das Kind so nach und nach, daß es da einen körperlichen Bereich gibt, der tabuisiert ist, über den man nicht spricht, den man auch nicht berührt.

Wer sich für eine für die kindliche Entfaltung förderliche Sexualerziehung von Anfang an entschieden hat, bleibt bei einer beobachteten Erektion gelassen, wird, wenn er die Körperteile des Kindes berührt und benennt, auch den Penis oder die Scheide berühren und benennen.

Der Säugling untersucht auch selbst seinen Körper. Er betrachtet die Hände, spielt mit den Fingern, steckt den Daumen oder auch die ganze Faust in den Mund, berührt die Zehen, steckt den Großen Onkel in den Mund ... Und so berührt er auch hin und wieder seine Genitalien. Er entdeckt ihre Reizempfindlichkeit und bald schon manipuliert er auch daran herum. Säuglingsonanie nennen die Experten das. Manche Eltern erschrecken, wenn sie Zeuge davon werden, so, daß sie dem Kind die Hände wegreißen aus der ihnen immer noch tabuisiert erscheinenden Zone. Vielleicht gibt es sogar einen Klaps auf die Hände und die Ermahnung: „So was tut man nicht!"

Dabei ist das Spiel mit den Genitalien eher ein besonders positives Zeichen. Der Psychologe R. Spitz hat nämlich folgendes herausgefunden:

1. Dort, wo die Beziehung zwischen Mutter und Kind optimal war, übertraf die Entwicklung im ersten Lebensjahr den Durchschnitt in jeder Hinsicht. Alle Kinder spielten mit ihren Genitalien.
2. Bestanden problematische Beziehungen zwischen Mutter und Kind, spielten die Kinder viel seltener mit ihren Genitalien . . . Die Entwicklung verlief durchschnittlich befriedigend, war aber ziemlich unberechenbar.

3. Dort, wo die Mutter-Kind-Beziehung fehlte, sank die Entwicklung unter den Durchschnitt. Keines der Kinder spielte mit seinen Genitalien.[4]

Das zeigt auch: Eine positive emotionale Entwicklung wirkt sexualisierend. Oder andersherum: Sexuelle Regungen beim Kind sind nichts, was man verbergen müßte, sondern viel eher ein Zeichen für eine gesunde emotionale Entwicklung. Eltern, die das verinnerlicht haben, können in ihrer Sexualerziehung fürs Baby gar nichts verkehrt machen.

Das Abstillen

Für Brustkinder wird die Zeit des Abstillens oft zu einem brutalen Eingriff in ihre Entwicklung, die mit so viel Harmonie und Wärme begonnen hatte. Kinderärzte empfehlen oft, ein Kind zwischen seinem vierten und sechsten Lebensmonat abzustillen, weil danach die Vorteile der Muttermilch nicht mehr so eindeutig überwiegen. Wenn Mutter und Kind diese Still-Schmusezeit aber so richtig genießen, sollten sie sich das getrost noch eine Weile gönnen, auch wenn es außer Frage steht, daß das Abstillen um so schwieriger wird, je länger die Mutter gestillt hat.

Aber ein zu spätes Abstillen kann ebenfalls zu Fehlentwicklungen führen. Schon Freud wies darauf hin. Die heutigen Sexualforscher haben inzwischen eine Menge Erfahrungen gesammelt. Ernest Bornemann zum Beispiel kennt aus der Praxis folgende Resultate:

„Das Resultat mag entweder jene lebenslange Arbeitshemmung des Kindes sein, die wir eben beschrieben haben und die sich auch als eine Lähmung des Lebenswillens, des Strebens, der Durchsetzungsfähigkeit äußern kann, oder das polare Gegenteil: gewissenlose Aneignung. Wer nicht mit der Wirkung der Ambivalenz vertraut ist, mag Schwierigkeiten haben, zwei so entgegengesetzte Charaktertypen aus der gleichen Kausalität folgern zu können. Die klinische Erfahrung läßt jedoch keinen Zweifel zu, daß es sich hier in beiden Fällen um die gleiche Ursache handelt.“[5]

Wann immer die Mutter mit dem Abstillen beginnt: Es sollte stets ein sanfter Übergang sein. Nie sollte man ohne Not von einem Tag auf den anderen von der Brust auf die Flasche umsteigen. Allmählich ein bißchen weniger Muttermilch, dazu hin und wieder eine Flasche, dann ganz allmählich immer weniger Brust, immer häufiger Flasche. Und während dieser

ganzen Umstellzeit braucht das Kleine natürlich zusätzliche Streicheleinheiten bei anderen Gelegenheiten.
Trotz allem wird das Abstillen meistens doch mit einer mehr oder weniger herben Enttäuschung einhergehen. Das läßt sich so ganz und gar wohl auch selten vermeiden. Andererseits aber hat auch sie ihre gute Seite: Ein Kind muß ja lernen, mit Versagungen, mit einem Verzicht umzugehen.
Inzwischen sind dem Kind wahrscheinlich die ersten Zähne gewachsen. Und es kann durchaus passieren, daß sich die Enttäuschung in einer mehr oder weniger wilden Beißwut entlädt. Das ist kein Zeichen von Boshaftigkeit. Das Kind hat das Stillen nur besonders intensiv genossen. Und da sein Mund der Auslöser für viele schöne sinnliche Erlebnisse war, kämpft es nun mit allen seinen Mitteln um den Erhalt dieses wunderbaren Zustandes. Für Freud war solche Beißwut ein erstes Zeichen für die Ambivalenz des Gefühls. Aus heutiger Sicht wäre das wohl eher eine Über-Interpretation. Zweifellos aber ist das Abstillen zuweilen die erste Krise in einer engen Mutter-Kind-Beziehung. Andererseits jedoch ist es auch ein weiterer Schritt des Kindes in die Selbständigkeit. Und wenn es auch beim Abstillen liebevoll zugeht, wenn das Kind spürt, daß die Mutter die kindlichen Schwierigkeiten mitfühlt, dann kann es auch zu einer Vertiefung des Gefühls kommen, das zugleich Mut macht zur Selbständigkeit.

Das Kind braucht Zärtlichkeit

Nicht alle Eltern können ihrem Kind die zärtliche Zuwendung geben, die es braucht. Der wichtigste Grund: Beide Eltern haben in ihrer Kindheit selbst nie Zärtlichkeit und Herzlichkeit erfahren. Sie haben darum auch keine entsprechenden Verhaltensmuster, sagen die Psychologen, um ihre Gefühle ihren Kindern gegenüber auszudrücken. Sie wissen einfach nicht, wie man das macht.

Wenn Sie selbst davon betroffen sind: Es hilft nicht, wenn Sie ihre gefühlskalte Kindheit beklagen, wenn Sie Ihre Eltern verantwortlich machen. Heute sind Sie selbst für Ihre Gefühle und für Ihr Verhalten verantwortlich. Und es ist durchaus möglich, jetzt noch diesen Mangel zu beheben. Sie könnten in eine Stillgruppe gehen, zusammen mit dem Kind in einen Babyschwimmkurs oder in eine Krabbelspielgruppe. Da können Sie immer auch Mütter und Väter beobachten, die besonders liebevoll mit ihren Kindern umgehen. Haben Sie keine Scheu, diese einfach zu imitieren. Sie werden dabei sehr schnell bemerken, wie Sie dieser neue Umgang mit dem Kind bereichert. Und dann werden Sie ganz von selbst eigene Verhaltensweisen entwickeln, mit Ihrem Kind zu schmusen.

Ihr ganzes Lebensgefühl wird sich verändern. Sie geben den Mangel aus Ihrer Kindheit nicht an Ihr Kind weiter. Schon das ist ein sehr gutes Gefühl. Sie wissen: Sie können stolz darauf sein, den Teufelskreis zu durchbrechen. Sie werden eine glücklichere Beziehung zu Ihrem Kind aufbauen. Und Ihre neue Fähigkeit, Gefühle auszudrücken, wird auch Ihre Partnerschaft vertiefen.

Es gibt aber noch ganz andere Probleme mit der Zärtlichkeit zwischen Eltern und Kindern. Eine verzweifelte Mutter berichtete der Redaktion der Zeitschrift „unser kind“ einmal: „Mein Kind haßt mich. Wenn ich nur in seine Nähe komme, fängt es sofort an zu schreien. Es ist schrecklich! Wenn ich es zu meinen Eltern bringe, strahlt es. Hole ich es ab, schreit es wie am Spieß. Dabei habe ich ihm noch nie etwas getan."

Wer könnte die Verzweiflung der Mutter nicht verstehen? So etwas ist sehr selten. Aber es kommt vor. Dann kann zunächst nur das Verstehen in der Situation ein Stückchen weiterhelfen. Es sind vor allem zwei Erlebnisse, die Kinder zu so einem abwehrenden Verhalten bringen können:

Mutter und Kind hatten eine besonders schwere Geburt. Nicht nur die Mutter, auch das Kind hat dabei sehr gelitten. Und diese Angst und diese Schmerzen haben sich tief in sein Unterbewußtsein eingegraben und auch die Tatsache, daß diese Schrecken mit der Mutter zusammenhängen. Bei jeder Berührung fürchtet das Kleine nun, die Mutter würde es wieder quälen.

Oder: Die Mutter hat sehr intensiv erwogen, das Kind abzutreiben. Sie hat mit ihrem Partner, mit dem Arzt, mit Freundinnen, mit einer Beraterin, sie hat immer wieder davon gesprochen, emotional bewegt, erregt. Natürlich hat das Embryo die Worte nicht verstanden. Aber die Lebensbedrohung, die hat sich auf ihn übertragen und auch die sich ihm als die Lebensgefahrenquelle erscheinende Mutter. Und das produziert nun immer noch, aus dem Unterbewußtsein aufsteigend, diese Angst vor der Mutter, die keine Zärtlichkeit zu ihr zuläßt.

Die Erkenntnis der Ursache der kindlichen Ablehnung ist der wichtigste Schritt auf dem Weg, das Verhältnis zwischen Mutter und Kind zu verändern.

Nie läßt sich das kindliche Gefühl mit Gewalt ändern. Im Gegenteil. Da das Kind Angst vor der Berührung mit der Mutter hat, würde das die Ablehnung nur vergrößern. Wenn dieser sehr seltene Fall für Sie zutrifft, sollten Sie die kindliche Angst zunächst einmal akzeptieren. Es wäre gut, wenn das Kind anfangs von einer anderen Bezugsperson versorgt wird, vom Vater, von der Oma zum Beispiel. Erst wenn das Kind Vertrauen zu dieser Person gefaßt hat, kann diese ganz allmählich und mit viel Fingerspitzengefühl das Kind wieder an die Mutter heranführen. Stillen kommt ja in diesem Fall gar nicht in Frage. Die Mutter wird dem Kind die Flasche geben, während es im Arm der ersten Bezugsperson liegt. Sie ist nach einiger Zeit der Zurückhaltung dann dabei, wenn die erste Bezugsperson das Kind badet, schaut beim Wickeln zu ... Ganz allmählich übernimmt sie Teile der Versorgung, während die erste Bezugsperson noch dabei ist. So geht nach und nach die Betreuung auf sie über.

Wie gesagt, solche Fälle sind äußerst selten. Häufiger gibt es aber Kinder, die einfach keine Schmusekatzen sind. Sie toben begeistert mit den Eltern, haben sie offensichtlich auch gern, aber sie lassen sich nicht so gern so oft streicheln, eigentlich nur, wenn sie sich weh getan haben oder wenn sie ein Kummer quält.

Und: Alle Kinder haben Phasen, in denen sie nichts von viel Zärtlichkeit halten. Es ist, als erprobten sie dann schon einmal so ein wenig die Loslösung von der Mutter, vom Vater. Aufmerksame Väter und Mütter spüren, wenn sich ein Kind dem zärtlichen Zugriff entziehen möchte. Sie lassen es dann los.

Ein Kind muß erfahren: Ich werde um meiner selbst willen geliebt, gestreichelt, gedrückt und geküßt, nicht weil meinen Eltern gerade einmal danach ist. Das Kind darf Widerstand leisten, darf „nein“ sagen auf seine Art. Auch das ist ein ganz wichtiges Stück Sexualerziehung. In jeder engen menschlichen Beziehung geht es um Aufrichtigkeit. Sie ist die Bedingung für den Bestand der Gefühle dem anderen gegenüber.

Keine Schmusepuppe für jedermann

„Natürlich bin ich stolz darauf, daß unsere zehn Monate alte Tochter ein wirklich süßes Baby ist. Aber es geht mir furchtbar auf die Nerven, wenn wildfremde Leute sie anfassen, weil sie doch ‚so niedlich' ist! Nicht mal, wenn ich sie im Tragetuch habe, ist meine Tochter vor fremden Händen sicher. Wie soll ich bloß reagieren? Wie sage ich, daß ich keine fremden Streicheleinheiten für mein Baby möchte?"
Diesen Hilferuf bekam die Redaktion der Zeitschrift „Eltern". Die veröffentlichte ihn und bat ihre Leser um ihre Meinungen, Erfahrungen und Tips.
Viele junge Mütter reagierten. Sie nannten auch die wichtigsten Argumente gegen die Liebesbezeigungen Fremder.

Sigrid V. aus Kiel:
„Wer meinen Sohn streicheln will, wird von mir knallhart gefragt, wann er sich zum letztenmal die Finger gewaschen hat. Es ist mir egal, wenn die Leute dann pampig werden und – wie mir schon einmal passiert ist – ‚hysterische Ziege' zu mir sagen. Ich bin schließlich für mein Kind verantwortlich und kann nicht zulassen, daß fremde Leute es betatschen."

Anke D. aus Regensburg:
„Wer Kinder echt mag, tätschelt ihnen nicht im Gesicht herum. Weil er schon Babys als eigenständige Wesen und nicht als Streicheltiere betrachtet. Sie können also ruhig barsch auf die fremden Streichler reagieren. Sie verprellen damit keine Kinderfreunde!"

Helga O. aus Köln:
„Als Mutter ist man verpflichtet, die Intimsphäre seines Kindes zu schützen. Selber kann ein Baby fremde Hände noch nicht

abwehren. Wer meinem Kind im Gesicht rumfuchteln will, wird von mir abgefangen. Mit Worten, aber auch handgreiflich. Wer unbedingt was zum Anfassen braucht, soll doch in den Streichelzoo gehen, aber mein Kind in Ruhe lassen!"
Die meisten Gegnerinnen der Zärtlichkeiten von Fremden ärgern sich so sehr über diese Leute, die ihr eigenes Liebesbedürfnis bei ihren Kindern befriedigen wollen, daß sie heftig reagieren. Eine Leserin aber machte einen Vorschlag, der witzig ist und doch fremde Hände und Kußmäuler abwehrt.

Manuela F. aus Hannover:
„Ich habe meiner Tochter ein Lätzchen mit den Worten ‚Vorsicht! Kind beißt!' bestickt. Bei Ausfahrten kriegt sie es um, und schon zum Anfassen ausgestreckte Hände werden schnell wieder zurückgezogen."

Es gab bei den Reaktionen von Leserinnen auf den veröffentlichten Hilferuf auch entgegengesetzte Meinungen, also Mütter, die Verständnis für die Menschen zeigen, die das Bedürfnis spüren, ihr Kind zu streicheln.

Evelyn K. aus Bad Mergentheim:
„Wir mußten fast sechs Jahre auf unser Baby warten. Ich kann deshalb Frauen gut verstehen, die wie ich damals wenigstens ein kleines Kind mal anfassen möchten. Ich habe aber immer meine Hände bei mir behalten. Den sehnsüchtigen Blick erkenne ich bei Frauen. Und die dürfen meine Tochter streicheln!"

Marianne L. aus Wien:
„Meine Enkelkinder wohnen 500 km weit weg. Wenn mich die Sehnsucht mal wieder richtig packt, fällt es mir sehr schwer, niedliche kleine Kinder nicht anzufassen. Meine Devise: Zuerst fragen, dann streicheln! Fast immer darf ich

Kinder mal ein bißchen tätscheln, wenn ich den Müttern meine ‚Entzugserscheinungen' erkläre. Ich bin aber auch nicht beleidigt, wenn eine Mutter nicht möchte, daß fremde Leute ihr Kind anfassen."

Ob nun sehnsüchtige Blicke oder erklärende Worte auf die Entzugserscheinungen Erwachsener schließen lassen: Kinder sind keine Schmusetiere für frustrierte, liebebedürftige Menschen.

Es gibt eigentlich nur eine sehr seltene Ausnahme von dem Grundsatz, daß fremde Leute Ihr Kind nicht anfassen dürfen, nämlich die, wenn Ihr Kind ganz deutlich zum Ausdruck bringt, daß es Zärtlichkeit von dieser Person gern möchte.

Irene B. aus Erfurt ging mit ihrer kleinen Beatrix, die schon sitzen konnte, in den Anlagen spazieren. Da sprach sie eine fremde Frau an, weil sie das Mädchen so wonnig fand. Die Kleine strahlte die Frau sofort ganz freundlich an, schlug begeistert mit den Ärmchen. Eine solche Reaktion ihres Kindes auf einen fremden Menschen hatte die Mutter noch nie erlebt. Sie war fasziniert. Die beiden Frauen setzten sich auf eine Bank, sprachen miteinander. Die Mutter nahm Beatrix aus dem Wagen und setzte sie auf ihren Schoß. Da streckte die Kleine ihre Ärmchen aus in Richtung der Fremden. Da ließ die Mutter die Frau das Kind in den Arm nehmen. Und die Kleine gluckste vor Glück. Seitdem sind die beiden Frauen befreundet. Sie besuchen sich oft. Und Beatrix freut sich immer riesig, weil die Frau, die heute Mutters Freundin ist, so schön mit ihr spielen kann.

Das war einer der seltenen Fälle, wo ein so kleines Kind seine große Sympathie auf den ersten Blick zum Ausdruck brachte, wo sie offensichtlich mit der Fremden schmusen wollte. Und die Mutter hat diesen Wunsch nicht abgeschlagen. Sie hat ihr Kind damit als eine eigenständige Person behandelt, die auch das Recht auf weitere Beziehungen hat.

In 99,9 Prozent der Annäherungsversuche von fremden Erwachsenen ist das aber anders. Das Kind wird vom Gefühlsstau der Erwachsenen überfallen. Es kann sich dagegen nicht wehren. Da sind die Eltern aufgerufen, Anwalt des Kindes zu sein, an seiner Statt „nein!" zu sagen. Das ist bereits der erste Schritt auf dem Weg einer Erziehung, bei der das Kind auch lernen soll, „nein" zu sagen. Das befördert die Persönlichkeitsentwicklung. Und in diesem Intimbereich ist es ein erster Schutzwall gegen sexuellen Mißbrauch von Kindern.

Wie erzieht man Jungen?

„Wir werden nicht als Frauen geboren, wir werden zu Frauen gemacht", sagte einst Simone de Beauvoir, die Verfechterin einer uneingeschränkten Emanzipation der Frau, und damit hatte die Lebensgefährtin von Jean Paul Sartre den Satz formuliert, der wohl von allen ihren Sätzen am häufigsten zitiert worden ist. Denn dahinter steht die Überzeugung: Von Geburt an sind Männer und Frauen gleich. Nur die unterschiedliche Erziehung von Jungen und Mädchen verstärkt bei Jungen dann eben andere Eigenschaften als bei Mädchen, ebenso werden unterschiedliche Eigenschaften vernachlässigt, so daß sie sich nicht optimal entfalten können. Das von der Gesellschaft erwünschte Bild der Frau und des Mannes entscheidet also über die Erziehungsziele bei Mädchen und Jungen.

Das war ein Irrtum. Inzwischen sind bestimmte Unterschiede der Geschlechter wissenschaftlich belegt. Das beginnt schon mit der frühkindlichen Entwicklung. Es gibt Fähigkeiten und Fertigkeiten, die sich beim Mädchen früher ausprägen als beim Jungen und andererseits solche, über die ein Junge früher verfügt als ein Mädchen.

Ein paar Beispiele:

- Mädchen hören schon nach einer Lebenswoche aus einer komplexen Lautkulisse eindeutig Kinderschreien heraus, Jungen können das erst viel später.
- Jungen können bereits im vierten Lebensmonat farbige geometrische Figuren erkennen, Mädchen nicht.
- Mädchen dagegen können dann schon menschliche Gesichter unterscheiden. Da können dann wieder die Jungen nicht mithalten.
- Mädchen dagegen können wieder früher sprechen und haben ein gutes Wortgedächtnis.

Die beiden Geschlechter entwickeln sich auch nicht nur in unterschiedlichen Tempi, am Ende dieser Entwicklung haben sie eben doch auch unterschiedliche Stärken und Schwächen. Im zehnten Lebensjahr haben die Jungen den Vorsprung der Mädchen in der Sprachentwicklung aufgeholt und haben dann ein besseres räumliches Vorstellungsvermögen. Der männliche Vorsprung im räumlich-quantitativen Denken bleibt bestehen. Das bedeutet auch, daß es eben nicht nur ein Vorurteil ist zu meinen, daß sich Männer für Naturwissenschaften meist besser eignen als Frauen. Frauen können dafür sensibler wahrnehmen. Das wirkt bis in die Träume hinein. Frauen träumen häufiger farbig als Männer.
Die Gehirnchirurgie hat ebenfalls zur Klärung der Unterschiede beigetragen. So ist erwiesen, daß die Hirnbereiche, die für die Sprachbeherrschung zuständig sind, und diejenigen, in denen ästhetische Urteile entstehen, bei den beiden Geschlechtern unterschiedlich angeordnet sind. So hängen bei Frauen Sprachbegabung und künstlerisches Talent zusammen, bei Männern nicht.
Es kann als erwiesen gelten: Die geschlechtsspezifischen Unterschiede werden grundsätzlich vererbt. Doch die Unterschiede beziehen sich freilich auf die große Zahl. Natürlich gibt es in Sprachen hochbegabte Männer und Frauen, die eine hohe mathematische Begabung besitzen. Man kann auch zum Beispiel nicht behaupten, Männer seien intelligenter als Frauen.
Aber bewiesen ist: Die Werte des Intelligenzquotienten gruppieren sich beim weiblichen Geschlecht enger um den Durchschnitt als beim männlichen. Es gibt also bei Männern mehr Genies als bei Frauen, aber auch mehr Schwachsinnige.
Jungen und Mädchen sind in ihren Begabungen also durchaus unterschiedlich. Wer unter Erziehung versteht, ein Kind zur optimalen Entfaltung seiner Anlagen zu führen, der wird unter Gerechtigkeit in der Erziehung nicht gleiche Erziehung für alle verstehen, sondern den Versuch, jedem Kind für sich gerecht zu

werden. Und das bedeutet immer unterschiedliche Erziehung bei mehreren Kindern. Wer also einen Sohn und eine Tochter hat, wird demnach die beiden ein wenig anders erziehen.
Hinzu kommt: Wer zwei Kinder hat, hat damit auch zwei Kinder, die eine unterschiedliche Geschwisterposition innehaben. Das eine ist älter als das andere, das Älteste. Das andere ist das Jüngste. Das hat großen Einfluß auf die Entwicklung der beiden, auch in bezug auf ihre weibliche oder männliche Rolle.
Die amerikanische Psychologin Lucille Forer kommt in ihrem Buch „Großer Bruder – kleine Schwester" (Kiepenheuer & Witsch, 1979) zu folgenden Erkenntnissen:

- Älteste Kinder sind meist intelligenter als die anderen. Der Grund: In den prägenden ersten Jahren wachsen sie als Einzelkinder auf, genießen die ganze Zuwendung beider Eltern und werden dabei zugleich besonders intensiv gefördert.
- Älteste Kinder sind fast immer ehrgeiziger als die anderen. Wenn das zweite Kind geboren ist, fühlt sich das erste als König entthront. Dann bemüht es sich meist um besondere Leistungen, nach der Devise: Wenn sie mich schon nicht mehr lieben, loben sie mich dann wenigstens.
- Älteste Kinder identifizieren sich meist mit dem Vater. Der Grund: Ist das zweite Kind geboren, wendet sich die Mutter intensiv dem Neugeborenen zu. Das ältere Kind versucht, beim Vater einen Ausgleich zu finden.
  Ist das älteste Kind eine Tochter, gerät sie oft durch die Identifizierung mit dem Vater in Konflikte. Sie mag sich dann häufig mit ihrer geschlechtlichen Rolle nicht abfinden. Älteste Töchter haben später oft Eheprobleme.
- Die Nachgeborenen sind meist musikalischer, kreativer, auch sprachbegabter als die ältesten Geschwister. Der Grund: Sie sind nicht so stark auf Lob und Anerkennung angewiesen wie diese, darum weniger auf meßbare Leistungen aus.

- Das jüngere Geschwister ist meist progressiver als das älteste. Der Grund: Die größere Kreativität begünstigt das Progressive.

Daraus ergibt sich für die Erziehung: Die Position des ältesten Kindes verstärkt männliche Eigenschaften, die Position des jüngeren Geschwister verstärkt weibliche Eigenschaften. Ist das älteste Kind ein Mädchen, so sollte der Vater versuchen, seine männlichen Eigenschaften nicht zu sehr zu betonen und bei der Tochter besonders das Weibliche zu bewundern. Ist das jüngste Kind ein Sohn, so sollte die Mutter versuchen, auch die männliche Seite in sich zum Ausdruck zu bringen.

Das alles kann aber natürlich nur „in der Regel“ und „im Durchschnitt“ gelten. Wer wirklich gerecht erziehen möchte, wird herausfinden müssen, wie jedes der Kinder veranlagt ist, was es mag, wozu es neigt. Er wird versuchen, seine Stärken anzuerkennen, ob sie „in der Regel“ nun weibliche oder männliche Eigenschaften sind. Er wird danach streben, jedem Kind für sich gerecht zu werden.

Ein Babyalltag voller Zärtlichkeit

Hautkontakt ist die Sprache, die Ihr Baby versteht. Er weckt seine Lebenslust, vermittelt Geborgenheit, sichert ihm Liebe zu, tröstet, wenn es Angst und Schmerzen hat. Inzwischen wissen wir, daß der Hautkontakt nötig ist, wenn sich ein Kind optimal entwickeln soll.

„Die Stimulation der Haut spielt zweifellos eine wichtige Rolle bei der Ausbildung des Nervensystems und der Gehirnfunktionen. Kinder, die nicht genügend Berührungserlebnisse haben, die also selten angefaßt, gehalten und getragen werden, können ihre ursprünglichen Anlagen nicht optimal entwickeln", sagte Dr. Michael Albani von der Kinderklinik des Hamburger Universitätskrankenhauses in einem Interview mit der Zeitschrift „unser kind". Es hat also nichts mit Verwöhnung zu tun, wenn Eltern heute vieles, was sie für ihr Kind tun, im engsten Körperkontakt mit ihm machen.

Viele tragen es in einem Tragetuch eng an ihrem Körper, wenn sie einkaufen oder spazierengehen. Die schaukelnden Bewegungen, die es dabei spürt, das Gewiegt-Werden, wenn die Mutter geht, erinnert an die vorgeburtliche Situation. Manche lassen das Kind, eng an sich geschmiegt, einschlafen ... Auf diesem Gebiet können Eltern gar nicht zu viel des Guten tun.

Vom Stillen war schon die Rede. So viel Innigkeit wie beim Stillen und Gestillt-Werden verbindet Mutter und Kind bei keiner anderen Tätigkeit. Darum fühlen sich Väter ja manchmal auch ausgeschlossen aus der engen Beziehung zum Kind. Verständlich, daß sie manchmal sogar eifersüchtig auf das Kind werden. Aber die Natur hat es nun einmal so eingerichtet, daß nur die Mütter stillen können. Väter müssen das hinnehmen. Und Mütter dürfen die Innigkeit ohne Skrupel genießen.

Tröstlich für Väter ist, daß nicht nur das Stillen eine Zeit für Zärtlichkeiten ist. Alles, was Eltern mit ihrem Baby tun, sollte von liebevoller Zuwendung geprägt sein, das Baden zum Beispiel ebenso wie das Windeln oder Massieren. Das alles sind Gelegenheiten, bei denen Eltern ihr Kind zärtlich streicheln, drücken und küssen können.

Apropos Massage: Besonders beliebt ist die „Indische Babymassage". Sie beginnt mit einer sanften Gesichtsmassage. Dabei streichen Sie mit den Daumen zart von der Nasenwurzel zu den Wangenknochen. Die Augenpartie wird dabei nicht berührt. Haben Sie das einige Male gemacht, lassen Sie Ihre Hände sanft um die Schultern kreisen und nach unten über die Brust gleiten. Streichen Sie dann mit der linken Hand von der linken Schulter zur rechten Hüfte, dann mit der rechten Hand von der rechten Schulter zur linken Hüfte. Das sollten Sie mehrmals wiederholen.

Umfassen Sie den Arm, und streichen Sie so etwas fester mit beiden Händen am linken Arm entlang, dann am rechten Arm. Wenn Sie ganz zart durch die Achselhöhlen streichen, öffnen die meisten Kinder die sonst noch zur Faust geballte Hand. Dann massieren Sie den Handteller und den Punkt genau in der Mitte zwischen Daumen und Zeigefinger. Haben Sie auch das einige Male wiederholt, gleiten Ihre Hände hinunter zur Hüfte. Streichen Sie nun mit den Händen lang über die Beine, von den Hüften bis zum Fußgelenk.

Lassen Sie sich während dieser Massage nicht verleiten, nun das Kind unter der Fußsohle zu kitzeln. Das hat das Kind zwar an sich sehr gern, aber es paßt nicht zur Grundstimmung, die bei der Indischen Babymassage aufkommt. Drehen Sie das Kind auf den Bauch. Lockern Sie mit Ihren Handflächen zunächst die Schultern, dann streichen Sie mit beiden Händen rhythmisch über den Rücken. Mit den Fingerkuppen massieren Sie den Po. Ganz leicht trommeln Sie dann mit den Handkanten von einer Pobacke zur anderen. Zuletzt streichen Sie mit den Händen vom Po bis zum Fußgelenk.

Legen Sie das Kind fürs Massieren auf ein kuscheliges Badetuch. Verwenden Sie Mandelöl. Das läßt sich leicht verreiben. Massieren Sie nie, wenn Ihnen die Zeit im Nacken sitzt, sondern wenn Sie sich vorher selbst etwas entspannen konnten. Legen Sie am besten den Telefonhörer neben den Apparat. Eine Unterbrechung der Massage würde ihre Wirkung stark herabsetzen.

Die Massage ist eine Wohltat für das Kind – aber auch für den Massierenden. Es ist übrigens eine Hilfe für eine rhythmisch gleichmäßige Massage, wenn Sie dabei ein Kinderlied singen. Wenn Sie noch etwas Besonderes tun wollen, was das Kind viel körperlich-sinnliche Lust erleben läßt, machen Sie mit beim Babyschwimmen. Schwimmen im sportlichen Sinne können Babys freilich noch nicht. Aber kaum jemand kann sich der Faszination entziehen, die von Babys ausgeht, die voller Wohlbehagen wie kleine Hunde im Babybecken herumpaddeln. Voraussetzung für das lustvolle Spiel im Wasser ist ein unauffälliger Befund der Vorsorgeuntersuchung U 2, also der Ausschluß von Herzfehlern, Lungenfehlbildungen und Abwehrschwäche. Ist in dieser Beziehung alles in Ordnung, kann der Spaß beginnen.

Die Entwicklungspsychologen sind sich einig: Das Planschen im Wasser ist eine lustvolle Erinnerung an das vorgeburtliche Leben im mütterlichen Fruchtwasser. Und gleich nach den Anstrengungen der Geburt erlebt das Neugeborene ja auch schon die wunderbar entspannende Wirkung des warmen Wassers, wenn es von der Hebamme oder dem Vater behutsam gebadet wird. Das Wasser ist für ein Baby also ein wohlvertrautes Milieu. Und darum ist der Mensch von Geburt an zunächst nicht wasserscheu.

Das Kleine genießt es, auf dem Arm von Vater oder Mutter ins Babybecken zu steigen. Wenn der Erwachsene in die Knie geht, läßt es sich gern ganz tief ins Wasser eintauchen (Kopf anfangs über der Wasseroberfläche halten). Wiegen Sie es im

Wasser, lassen Sie es ein wenig auftauchen, tauchen Sie es wieder etwas tiefer ein, lassen Sie es auftauchen... Schwimmen Sie in der Brustlage und lassen Sie das Kind derweil auf Ihrem Rücken „reiten". Oder legen Sie es auch einmal auf eine dünne Gummimatte – wie auf einem Floß. Es gibt viele Möglichkeiten des Spielens im Wasser.
Wer mit seinem Baby schon ins Schwimmbad geht, wenn das erst wenige Wochen oder Monate alt ist, wird kaum erleben, daß es Angst vor dem Wasser hat. Die stellt sich erst ein, wenn das Kind älter wird. Wer also zum erstenmal zum Baden geht, wenn das Kind zwei oder drei Jahre alt ist, wird schon eher mit der Kinderangst zu tun bekommen. Hat das Kind Angst: Zwingen Sie es nie ins Wasser! Lassen Sie es vom Beckenrand aus zuschauen, wieviel Spaß es anderen macht. Die meisten Kinder möchten dann irgendwann auch selbst ins Becken.
Wenn Sie keinen Babyschwimmkurs belegen möchten oder können, sollten Sie sich möglichst mit ein paar anderen Eltern mit Kindern im Alter Ihres Kindes zusammentun. In einer Gruppe bringt es mehr Vergnügen. Und besorgen Sie sich einen der Elternratgeber fürs Babyschwimmen.
Stillen, Baden, Massieren und Wickeln gehören zur liebevollen Betreuung und Versorgung. Da das Kind außerdem täglich an die frische Luft gebracht werden sollte, bleibt für Zusätzliches kaum noch Zeit. Denn in der ersten Zeit schläft das Baby immerhin noch meist 21 Stunden pro Tag. Da bleiben nur Minuten für zärtliche Schmusespiele.

Eine kleine Auswahl für das erste Vierteljahr:

- *Das Zwiegespräch.* Senken Sie Ihr Gesicht an das Gesicht des Babys. Schauen Sie es lange an. Verziehen Sie Ihr Gesicht zu einem Lächeln, strecken Sie etwas später die Zunge heraus. Irgendwann reagiert Ihr Kind auf Ihr Mienenspiel und versucht, sein Gesicht ebenfalls zu verziehen.

- *Kitzelreiz.* Kitzeln Sie das Baby unter der Fußsohle. Die meisten Kinder in diesem Alter ziehen dabei das Bein zurück, unter dessen Fußsohle gekitzelt wurde. Ein noch nicht ganz so weit entwickelter Säugling, etwa eine Frühgeburt, zuckt dabei manchmal noch mit dem ganzen Körper.
- *Nuckelgenuß.* Nehmen Sie eine Hand des Babys und führen Sie sie in Mundnähe. Führt das Kind allein die Bewegung zu Ende, indem es den Daumen oder einen Finger in den Mund steckt und gleich lustvoll zu nuckeln beginnt, selbst wenn es gerade gestillt worden ist, läßt das schon auf eine gut ausgeprägte Genußfähigkeit schließen.
- *Wiegen.* Das reizvollste Spiel mit viel Nähe ist vielen Kindern das Wiegen. Schön ist es, wenn Sie dabei ein Wiegenlied singen, „Schlaf, Kindlein, schlaf!“, „Kindlein mein“, „Leise, Peterle, leise“, „Wer hat die schönsten Schäfchen“ zum Beispiel. Berühren Sie dabei noch seine Hand.
- *Strampelwonne.* So bezeichnet man das Spiel beim gemeinsamen Bad in der großen Badewanne. Legen Sie Ihr Kind bäuchlings auf Ihre flache Hand im Wasser. Streichen Sie fest über seinen Rücken, über Arme und Beine. Geben Sie den Fußsohlen etwas Druck mit Ihren Oberschenkeln. Sofort wird Ihr Baby anfangen, begeistert im Wasser zu strampeln.
- *Goldfisch.* Noch ein zärtliches Spiel in der Wanne. Legen Sie das Baby rücklings auf Ihre flache Hand. Schieben Sie es nun etwas von sich, als schwämme es ein Stückchen weg. Ziehen Sie es dann wieder zu sich zurück. Zuerst hat es etwas Angst, sich zu weit von Ihnen zu entfernen. Doch dann kommt die beglückende erneute Annäherung. Haben Sie das Spiel mehrmals gemacht, freut sich das Kind bereits bei seiner Entfernung auf diese kommende neue Annäherung.

Ein paar zärtliche Spiele für das zweite Vierteljahr:

- *Kuckuck.* Halten Sie ein Tuch vor Ihr Gesicht. Das Kind fürchtet, daß Sie weg sind. Dann ziehen Sie das Tuch wieder weg. Kuckuck!
- *Wind.* Wenn das Kind zum Beispiel beim Wickeln nackt vor Ihnen liegt, gehen Sie mit dem Gesicht ganz weit zu seinem Körper hinunter. Blasen Sie sanft über seine Haut.
- *Mienenspiel.* Das Baby liegt bäuchlings auf einer Decke auf dem Boden. Legen Sie sich ebenso hin. Wenn Sie beide den Kopf anheben, sollten Sie sich dabei anschauen können. Halten Sie Ihr Gesicht zunächst möglichst ausdrucksleer. Nach kurzer Zeit wird das Kind unruhig. Lächeln Sie. Das Kind ist erleichtert. Runzeln Sie die Stirn, rümpfen Sie die Nase. Bald wird das Kind mitspielen. Es wird versuchen, in Ihr Mienenspiel einzustimmen.

Ein paar Spiele für das zweite Halbjahr:

- *Schaukeln.* Legen Sie das Kind in eine Decke und dann in eine Hängematte. Sie können es immer wieder einmal leicht anstoßen.
  Oder: Wenn Sie zwei Erwachsene sind, legen Sie das Kind in eine Decke; jeder von Ihnen greift eine der schmalen Deckenseiten. Und nun wird die Deckenschaukel in Bewegung gebracht.
  Oder: Setzen Sie sich auf eine Brettschaukel und nehmen Sie ihr Baby auf den Schoß.
- *Kniereiter.* Das Kind sitzt auf dem Schoß. Die ersten beliebten Reiterspiele: „Hoppe, hoppe Reiter“, „Schicke, schacke, Reiterpferd“ und „Hopp, hopp, hopp, Pferdchen, lauf Galopp“.
- *Händeturm.* Legen Sie eine Hand flach auf den Tisch. Das Baby legt seine drauf. Nun packen Sie die zweite Hand auf die kleine. Obenauf kommt die zweite Kinderhand. Nun ziehen Sie Ihre erste Hand unter dem Händeturm weg,

legen diese obenauf, das Kind zieht seine erste Hand unten weg und packt sie oben drauf... Das darf immer schneller gehen.

- *Fingerspiele.* „Das ist der Daumen, der schüttelt die Pflaumen...“ Das ist sicher das beliebteste Fingerspiel. Doch es gibt viele mehr. Auch „Himpelchen und Pimpelchen“ sind sehr beliebt. Fingerspiele leben von der Berührung und vom Rhythmus des Verses.
  Kuschelrolle. Sie liegen auf dem Rücken auf einer Decke. Ihr Kind liegt auf Ihrem Bauch. Umarmen Sie Ihr Kind, und rollen Sie mit ihm zur Seite, dann zurück auf den Rücken, dann zur anderen Seite.
  Segelflieger. Sie liegen wieder auf dem Boden auf dem Rücken. Sie strecken Ihre Beine ein Stück nach oben. Sie legen Ihr Baby auf Ihre Fußsohlen, halten es aber zusätzlich an den Schultern. Nun lassen Sie das Kind aufsteigen und absteigen – im Flug.
  Eskimoküßchen. Wenn Eskimos sich küssen, hält sich das Gerücht, so rubbeln sie die Nasen aneinander. Auch wenn es nicht stimmt: Spaß macht es.

Sie werden natürlich nicht alle diese Vorschläge realisieren können und wollen. Tun Sie immer nur das, was auch Ihnen Freude macht; denn Ihre Stimmung überträgt sich auch aufs Kind.

Von der Sexualität des Kleinkindes

Freuds Begriff der analen Phase

Spätestens im Alter von zwei Jahren bekommt ein Kind festere Nahrung und scheidet darum auch einen festeren Stuhl aus. Freud spekulierte: „Wir schließen, daß der Säugling Lustempfinden bei der Entleerung von Harn und Darminhalt hat und daß er sich bald bemüht, diese Aktionen so einzurichten, daß sie ihm durch entsprechende Erregung der erogenen Schleimhautzonen einen möglichst großen Lustgewinn bringen."[6]

Der Lustgewinn wird auch durch heutige Sexualforscher bestätigt. Ernest Bornemann zum Beispiel schreibt:

„Freud entdeckte bekanntlich (und Sexualpädagogen haben die klinische Bestätigung erbracht), daß bei Kindern der Darmausgang weitaus höher erotisiert ist als bei Erwachsenen. Das Kind empfindet tatsächlich beim Ausstoßen des Kots einen Reiz, der dem Koitalgenuß des Erwachsenen nicht unähnlich ist. Die Natur hat hier wahrscheinlich vorgesorgt, um die Schmerzen, die ein Kind nach der ersten Aufnahme von fester Nahrung beim Defäzieren verspürt, erträglich zu machen und die Einübung des Darmschließmuskels durch positive Affektbesetzung leichter zu gestalten."[7]

Die „Lust am Drücken" soll keineswegs bestritten werden. Bestritten aber wird, daß diese die ganze Entwicklungsphase beherrscht. Wer Kinder dieses Alters beobachtet, gerät viel eher auf die Spur des Psychologen E. Ericson, der in dieser

Periode vor allem die Fortschritte im kindlichen Autonomiestreben erkennt. Setzt das Kind seine Exkremente im Töpfchen ab, betrachtet es diese als seine ersten Produkte, erzeugt im eigenen Körper. Das Kind ist auf diese Leistung sehr stolz. Und es weiß schon bald, daß es mitbestimmen kann, wann es sie hergibt und wann nicht.

Unverkennbar für alle Eltern ist, daß After und Ausscheidungen im Erleben des Kindes in dieser Phase eine wichtige Rolle spielen. Und weil der After lateinisch „anus“ heißt, nannte Freud diese Entwicklungsstufe die anale Phase.

Besagte Produkte erzeugen nicht nur Stolz, sondern auch die kindliche Neugier. Und darum untersucht das Kind sie mit denselben Methoden, die es bisher bei allen Dingen angewendet hat, die es interessieren. Es faßt seine Exkremente ohne Scheu an, um ihr Wesen zu erfassen, es begreift sie, um sie zu be-greifen. Es verschmiert die warme weiche Masse im Töpfchen auf dem Fußboden, an der Wand, am eigenen Körper. Vielleicht schiebt es sogar etwas davon in den Mund. Spätestens an dieser Stelle steigt in den meisten Eltern Ekel auf. Wenn möglich, sollten sie versuchen, dem Kind das nicht mitzuteilen. Für Eltern, denen das nicht gelingt, malt Freud natürlich gleich den Teufel an die Wand. Sie zerstörten das Selbstbewußtsein des Kindes und unterdrückten den Forscherdrang, meinte er.

Doch hier hat Freud zu schwarz gesehen. Wer das Selbstbewußtsein des Kindes, sein Selbstvertrauen und seinen Forscherdrang in anderen Bereichen stets förderte und fördert, bringt mit solcher Ekelbekundung deren Entfaltung noch nicht gleich in Gefahr. In einem anderen Punkt allerdings hat Freud sicher recht: Wenn Eltern allzu deutlich zeigen, daß sie sich vor diesen ersten Produkten des Kindes ekeln, wecken sie den Verdacht, daß die Zone unterhalb der Gürtellinie eine „schmutzige“ ist, vor der man sich ekelt und die man darum stets bedeckt hält. Und das

kann zum Ansatz für allgemeine Körperfeindlichkeit und sogar schon zur Tabuisierung des Anal- und Genitalbereichs führen.
Doch das fällt nur dann wirklich schwer ins Gewicht, wenn dieses Steinchen ins Mosaik paßt, ins übrige Bild, das Eltern ihrem Kind in diesem Bereich vermitteln, etwa, wenn sie außerdem beim Benennen der Körperteile den Bereich zwischen Bauchnabel und Knie aussparten, wenn sie sich beim Baden bemühen, nur ja die Geschlechtsteile des Kindes nicht zu berühren, wenn sie dem Kind, das seine Genitalien berührt, die Hand von dort wegreißen – mit strengem Blick und ermahnenden Worten ...

Die Sauberkeitserziehung

Was in der oralen Phase das Abstillen ist, ist in der analen Phase die Sauberkeitserziehung. Beim Abstillen verlangt die Mutter eine Verzichtsleistung, mit der Sauberkeitserziehung fordern die Eltern Disziplin. Wenn das Kind mit solchen Einschnitten ohne Einfühlung konfrontiert wird, empfindet es das eine Mal eine Vernachlässigung, nämlich das Nachlassen der elterlichen Liebe, das andere Mal eine aggressive Unterwerfung.

Ohne Einfühlung wird Sauberkeitserziehung schon begonnen, wenn sie zu früh einsetzt. Die Darmentleerung willentlich steuern kann ein Kind frühestens mit etwa 18 Monaten. Ist ein Kind früher „sauber", so haben die Eltern den kleinen Körper vielleicht durch einen strengen Zeitplan einfach an eine Darmentleerung zu bestimmten Zeiten gewöhnt. Weil das aber so genau auf die Minute selten funktioniert, müssen bei dieser Methode längere „Töpfchenzeiten" in Kauf genommen werden. Das Kind darf dann auf dem „Thron" Bilderbücher angucken oder spielen.

Eine willentliche Steuerung des Ausscheidungsprozesses ist damit in Wahrheit nicht erreicht. Da diese jedoch das eigentliche Ziel der Sauberkeitserziehung sein sollte, empfiehlt es sich, dieses Erziehungswerk erst nach dem achtzehnten Lebensmonat zu beginnen. Außerdem ist zu bedenken, daß sich Kinder nicht alle nach einem „verordneten" Zeitplan entwickeln. Verzögerungen von mehreren Monaten sind durchaus noch normal. Sicher ist allerdings, daß gesunde Kinder irgendwann zwischen dem zweiten und vierten Geburtstag in der Lage sind, die Darmentleerung zu regulieren. Und das klappt dann durchaus auch ohne jeden Drill.

Einen Beweis dafür lieferte unlängst eine große Untersuchung in Christchurch in Neuengland. Dort wurden 1265

Babys von der Geburt bis zum Alter von acht Jahren in Abständen von jeweils einem Jahr untersucht. Vom zweiten Jahr an fragten die Ärzte die Mütter, ob ihr Kind nachts konstant trocken sei. Das ergab: Bei Mädchen hatte der „Pipistreß“ im Durchschnitt von 3,27 Jahren aufgehört, bei Jungen im Durchschnitt im Alter von 3,95 Jahren. Im Detail: Mit zwei Jahren waren nur 7,5 Prozent trocken, mit drei Jahren hatten dieses Ziel immerhin schon 57,2 Prozent erreicht. Mit vier Jahren waren dann 81,5 Prozent, mit fünf Jahren 89 Prozent trocken. Es zeigt sich auch: Wo um Topf und Windel kein Brimborium veranstaltet wurde, befreiten sich die Kinder meist problemlos von den Pampers. Irgendwann begreifen sie nämlich, daß man nur ohne Windel groß wird. Und recht bald groß werden, das wollen ja fast alle Kinder. Doch kein Mensch schafft das von heute auf morgen. Meist verläuft das nach dem Prinzip: zwei Schritte vor, einen Schritt zurück, ein Schritt vor, einen Schritt zurück ... Einmal gelingt es, dann gelingt es ein paarmal wieder nicht, dann gelingt es ein paarmal, dann wieder einmal nicht ... Gelingt es, sollten Eltern die Leistung anerkennen, aber nicht so, daß sie das Kind mit Liebesbezeigungen überhäufen. Dann nämlich würde das Kind beim Mißerfolg und beim Ausbleiben dieser Belohnungsküßchen bereits einen Liebesentzug registrieren. Mißerfolg kann kein Lob zur Folge haben, aber doch einen liebevollen Trost. Denn ein Kind sollte nie das Gefühl haben, daß seine Eltern es wegen seiner Leistungen lieben und daß sie es nicht mehr liebhaben, wenn es mit der Leistung einmal nicht klappt. Geliebt wird der Mensch, nicht die Leistung. Das gilt bei der Sauberkeitserziehung schon genauso wie später bei Schulleistungen. Sich über die Leistung freuen, bei Mißerfolg das Kind trösten und ihm die Hoffnung machen, daß es das beim nächstenmal dann sicher schaffen wird – das ist schon bei der Sauberkeitserziehung der einfühlsame Weg.

Damit ist auch ein Stück Sexualerziehung gelungen, unter zwei Aspekten:

- Die Vorgänge im Anal- und Genitalbereich werden nicht unnötig negativ besetzt, durch Zwang, Ekel oder Tabu.
- Liebe bleibt eindeutig auf den Menschen bezogen und wird nicht durch Leistung oder Versagen beeinflußt.

Der eigene Körper wird entdeckt

Freud irrte nicht nur, weil er meinte, daß der Sexualtrieb von Anfang an und über das ganze Leben der einzige Motor allen Handelns, Fühlens und Denkens sei. Er irrte auch, wenn er behauptete, daß anfangs das lustvolle Saugen die einzige Sexualäußerung sei, daß dann die Zeit folgte, in der die „Lust am Drücken" vorherrschte, und daß erst dann die Genitalien ihre Rolle spielten.

Schon das Baby, das sich nach Freud eindeutig in der oralen Phase befindet, bringt zum Beispiel zum Ausdruck, daß es Lust empfindet, wenn Mutter oder Vater seine Genitalien berührt, beim Wickeln oder beim Baden zum Beispiel, und die Jungen kommen dabei hin und wieder zur Erektion. Ist aus dem Baby ein Kleinkind geworden, vermehren sich die Möglichkeiten, sich körperliche Lust zu verschaffen. So liefern z. B. die bei Kindern dieses Alters so beliebten Kniereiter ebenso wie das Schaukelpferd immer auch als begehrte Nebengaben körperlich sinnliche Reize im Genitalbereich.

In der Zeit, da das Kind noch Windeln trägt, sind die Möglichkeiten aber zwangsläufig begrenzt, denn der bevorzugte Ort der Selbstbefriedigung ist noch dick verpackt, also ziemlich unerreichbar. Auch darum ist es für die Zweijährigen so schön, im sommerlichen Garten oder am Badestrand einmal Windelfreiheit erleben zu dürfen. Sie genießen ihr Spiel mit dem eigenen Körper und, wenn sie in der Gruppe zusammen sind, auch das Spiel mit dem Körper des anderen. Sie lieben es, sich zu bespritzen, mit Farben zu bemalen, sich miteinander im Sand oder im Gras zu suhlen, sich zu streicheln, zu drücken und sich ein Küßchen zu geben, an den Haaren zu ziepen, zu kneifen, zu kitzeln, sich umzuschubsen – Da wird der eigene Körper und der des anderen erprobt, manipuliert und genossen.

Fast alle Kleinkinder reagieren höchst unwillig, wenn sie nach einer so herrlichen Zeit ohne Windeln unten herum wieder unangreifbar verpackt werden. Wer den Kleinkindern solche Spielzeiten ohne Windeln verschafft, kann selbst in Augenschein nehmen, wie phantasievoll sie sich körperlich-sinnliche Lust verschaffen, wenn sie nicht durch Verbote daran gehindert werden.

Mitgefühl unter Kleinkindern

Ein Kind war von der Schaukel gefallen. Es brüllte. Die Mutter kam zu ihm, stellte die Vierjährige forsch auf die Beine. Die schrie noch lauter.

Da lief ein Junge zu ihr, noch keine drei Jahre alt, wie ich später erfuhr, strich dem Mädchen ganz sanft übers Haar, pustete über seine wachsende Beule am Kopf, gab dem schluchzenden Kind ein Küßchen. Erst weinte die Kleine noch einmal kräftig auf. Dann schmiegte sie den wehen Kopf an die schmalen Schultern des kleinen Trösters und wurde ruhiger. Die Mutter des Mädchens stand sprachlos dabei. Ihre Tochter hatte einem anderen Kind gegenüber noch nie so viel Mitgefühl gezeigt. Aber wie sollte sie auch? Sie kannte ja eine solche Behandlung gar nicht. Nur Kinder, die solches Trösten selbst erlebt haben, können auch ihren Spielkameraden in Kummerfällen Trost spenden.

Ein ziemlich aggressives Bürschchen hatte den Teddy eines Zweijährigen wütend gegen die Wand geschmettert. Der Kleine holte sich sein Kuscheltier, setzte sich hin und dicke Tränen rannen über sein Gesicht. Da setzte sich ein etwa gleichaltriges Mädchen neben den Jungen, den es seinen Freund nannte, legte ihren Arm um seine Schultern und seinen Kopf an den seinen. Es sagte nichts. Nach kaum einer Minute entwand der Junge sich dem zärtlichen Griff, stand auf und zog das Mädchen hoch.

Zärtliche Zuwendung, die Kleinkinder erfahren, ist immer zugleich auch ein Verhaltensmuster. Wer sie bekommt, kann sie auch weitergeben. Wer jedoch nie in den Arm genommen, gestreichelt und geküßt wird, kann auch gar nicht auf die Idee kommen, ein anderes Kind so liebevoll zu behandeln.

Aber solches Verhalten ist auch bei Kleinkindern schon mehr als bloße Nachahmung. Nach Sigmund Freud sind Kinder bis

zu ihrem sechsten Lebensjahr „egoistische und selbstsüchtige Kreaturen“. Doch inzwischen wissen wir längst, daß das nicht stimmt.
Die Amerikanerin Marian Radke Yarrow führte in den siebziger Jahren eine Intensivstudie an Kleinkindern durch, deren Ergebnisse zeigten, daß schon Einjährige in der Lage sind, sich in Menschen, die ihnen nahestehen, einzufühlen. Die Entwicklungspsychologin ließ 24 Mütter ihre Kinder zwischen zehn und dreißig Monaten neun Monate lang gewissenhaft beobachten und ihre Beobachtungen registrieren.
Eine Mutter berichtete zum Beispiel von einer Begebenheit beim Arzt. Bei ihr sollte eine entzündete Stelle im Rachen abgetupft werden. Dabei entfuhr ihr ein Würgelaut. Sofort lief der 15 Monate alte Sohn zur Arzthelferin und versuchte, ihr den Tupfer aus der Hand zu reißen.
Ein ebenfalls 15 Monate alter Junge bemerkte, daß die Mutter sehr müde war. Er bot ihr bereitwillig seine Teeflasche an.
Die Mutter eines zunächst 15 Monate alten Mädchens erlebte durch die besagte Untersuchung eine erstaunliche Entwicklung ganz bewußt mit: Als es 15 Monate alt war, heulte es einfach mit, wenn ein anderes Kind weinte. Mit 18 Monaten lief es zum erstenmal auf ein weinendes Kind zu und bot diesem ein Taschentuch an. Einen Monat später ging das Mädchen zu einem weinenden Baby, streichelte sein Köpfchen, versuchte, mit ihm zu sprechen und bot ihm schließlich sogar noch sein Spielzeug an.
Die Mutter eines zweijährigen Jungen erfuhr am Telefon, daß ihr Vater schwer erkrankt sei. Sie weinte. Der Junge sah das, kam, legte seinen Arm um sie, sagte: „Ich hab dich doch lieb!“ und gab ihr einen Kuß.
Die Yarrow-Untersuchung ist zwar weit davon entfernt, eine repräsentative zu sein. Doch wer ihre Ergebnisse liest, dem fallen garantiert selbst solche erlebten Geschichten ein, die zeigen, wie einfühlsam schon Ein- und Zweijährige sein können.

Trotzdem ist sicher etwas dran an der Behauptung, Kinder seien egozentrisch. Solange sie Schmerz noch nicht bewußt erlebt haben, können sie sich auch nicht vorstellen, wie das ist, wenn einem etwas weh tut. Und von sich aus können sie auch noch nicht erkennen, wenn jemand Hilfe braucht. Aber sie wissen schon, daß sie selbst weinen, wenn sie sich gestoßen haben. Und wenn dann später ein anderer weint, können sie sich schon vorstellen, daß dem etwas weh tut. Und sie können sich dann eben auch so verhalten, wie Mutter oder Vater sich ihm gegenüber in solchen Fällen verhält.

Gemeinsamkeitsgefühl bei Kleinkindern

Wenn ein Zweijähriges ein anderes liebevoll tröstet, so ahmt es damit auch Mutter oder Vater nach. Es versetzt sich damit in ihre Rolle, die mit dem Helfen auch Überlegenheit beinhaltet.

Carolee Howes zeigte schon 1978, wie sich neben der Einfühlsamkeit allmählich auch ein Gefühl der Gemeinsamkeit entwickelt. Kinder, die schon sicher laufen können, nehmen zu einem anderen Kind manchmal auf solche Weise Kontakt auf: Eins läuft weg, das andere verfolgt es. Plötzlich bleibt der „Jäger" stehen, und auch das Gejagte stoppt seinen Lauf. Nach kurzem Blickkontakt rennt nun der „Jäger" weg, und das „Verfolgte" spielt nun den Verfolger. Diese Fähigkeit, im stillen Einverständnis die Rollen zu tauschen, ist für Carolee Howes bereits eine Vorform der Fähigkeit, den anderen als gleichrangig anzuerkennen.

Zwei Menschen, die auf so schlichte Art zu einem stillen Einverständnis finden, meinte die Psychologin, seien auch zu gemeinsamen positiven Gefühlen fähig. Diese Kinder könnten sich also zum Beispiel an einer Sache gemeinsam vergnügen. Ihre Beobachtung eines so früh erwachenden Gefühls von Gemeinsamkeit fand sie auch in einer ganz individuellen Art, sich zu verständigen, bestätigt. Da gibt es Kinder, die sich durch einen bestimmten Blick, eine bestimmte Geste, einen besonderen Schubs verständigen. „Ja, das wollen wir tun" oder „nein, das lassen wir lieber". „Dazu habe ich keine Lust" oder „oh, ja, das möchte ich jetzt machen".

Ein Gefühl der Gemeinsamkeit hat das Kleinkind schon einmal erlebt, mit der Mutter, mit dem Vater, mit der ersten Bezugsperson. Da fühlte sich das Kind aber ohne eigenes Zutun geborgen. Für die Geborgenheit, die es bei einem anderen Kind erlebt, ist es mit verantwortlich. Das spürt das Kind

auch ganz genau. Und darum erlebt es solche Freundschaft dann ja auch als Erfolg.
Aber trotz aller dieser Fähigkeiten bleibt ein so kleines Kind noch lange eines, das Liebe und zärtliche Zuwendung der Eltern noch dringend braucht, das die tägliche Schmusezeit genießt, auf Lob und Trost wartet. Es muß noch Tag für Tag spüren, daß Vater und Mutter stets auf seiner Seite sind, daß sie es liebhaben, daß es sich auf sie verlassen kann, daß es umsorgt und geborgen ist. Eine liebevolle Erziehung in einer Atmosphäre von Offenheit, Herzlichkeit und Vertrauen ist die Basis für jedes reifende mitmenschliche Verhalten, für Hilfsbereitschaft ebenso wie für Freundschaft und auch für die späteren sexuellen Beziehungen.

Die Eltern sind das Vorbild

Schon lange bevor die verbale Aufklärung einsetzen kann, werden Kinder in vielen wichtigen Bereichen ganz natürlich aufgeklärt: Sie beobachten sehr genau, was um sie herum geschieht. Dabei bemerken sie natürlich auch, wie Vater und Mutter zu ihrem Körper stehen und was sich so atmosphärisch zwischen den Eltern abspielt. Kinder sind offen und sensibel und kriegen darum meist viel mehr mit, als sich die meisten Eltern träumen lassen.

Ein Elternpaar lebt im engen Familienkreis locker und ungehemmt, läuft also auch nackt durch die Wohnung, so daß das Kind den Körper von Vater und Mutter sehen und auch vergleichen kann. Der Nachwuchs hat auch kein Eintrittsverbot, wenn Vater und Mutter gemeinsam duschen, sich massieren– Das andere Elternpaar zieht über Nachthemd oder Schlafanzug noch schnell den Bademantel oder den Morgenrock, ehe es vor die Augen der Kinder tritt und schließt vielleicht sogar die Badezimmertür ab, wenn es duscht oder badet. Da kommen zwei ganz unterschiedliche Botschaften zum Kind.

Das eine Elternpaar sieht keinen Grund, aus dem es seine Liebe und seine Zärtlichkeit vor dem Kind verheimlichen sollte. Der Nachwuchs darf auch miterleben, daß die Eltern sich eng aneinanderkuscheln, sich streicheln. Kommt das Kind hinzu, wird es einbezogen in die Zärtlichkeit. Das andere Elternpaar spart sich jede Art von Zärtlichkeit für den späten Abend auf, wenn das Kind schläft, so daß es nur wenig davon bemerken kann. Auch diese unterschiedlichen Verhaltensweisen senden verschiedene Botschaften aus.

Das eine Elternpaar bemüht sich, Zank und Streit, die es nun einmal – mehr oder weniger – in jeder Ehe gibt, nie vor dem Kind auszutragen, sondern kabbelt sich immer nur, wenn die Kinder nicht dabei sind. Das andere Elternpaar setzt sich stets in dem Moment mit der Meinungsverschiedenheit auseinander, in dem sie auftritt, also auch vor den Kindern. Die einen tun das dann sachlich und ruhig, die anderen emotional und unsachlich, vielleicht sogar heftig. Lauter unterschiedliche Botschaften für den Nachwuchs.

Carl Gustav Jung, der berühmte Psychiater, erkannte: Kinder werden durch das erzogen, was der Erwachsene ist, und nicht durch das, was er schwatzt. Der allgemein verbreitete Glauben an Wörter ist eine der Krankheiten der Seele.

Ein so kleines Kind kann die Eltern natürlich noch nicht sehen, wie sie wirklich sind, aber es schließt von ihrem Verhalten auf ein So-Sein.

Es hat also wenig Wirkung, wenn Eltern, die scheinbar oder tatsächlich recht gefühlskalt miteinander umgehen, ihrem Kind erzählen, daß Sexualität von Mann und Frau nicht allein vom Körperlichen geprägt sei, sondern ganz wesentlich auch von Empfindungen, die sich in zärtlichem Umgang miteinander spiegeln.

Gerade wenn das Kind längere Erklärungen noch nicht verarbeiten kann, wirkt das, was es von seinen Eltern vorgelebt bekommt, aufklärend und legt ein Fundament für das spätere eigene Verhalten dem eigenen Körper und dem anderen Geschlecht gegenüber. Wem elterliche Zärtlichkeiten selbstverständlich sind, dem müssen die Eltern später nicht extra erklären, daß Zärtlichkeit dazugehört. Wer erlebt hat, wie sich Menschen, die sich nahestehen, bei Meinungsverschiedenheiten sachlich und ruhig auseinandersetzen, also ohne das Gegenüber herabzusetzen, wird sich später ebenfalls um Streitkultur bemühen.

Wie weit nun darf diese Art der Aufklärung schon des kleinen Kindes im Alltag gehen? Sollte das Kind auch den Geschlechtsakt der Eltern miterleben dürfen?

Freud meinte, der Anblick des elterlichen Geschlechtsverkehrs schade dem Kind. Er führe zu Neurosen und sexuellen Ab-

weichungen. Diese Meinung prägt auch heute noch das Gesetz. Das Teilnehmenlassen der Kinder an der Paarung gilt nach § 1666 des Bürgerlichen Gesetzbuches als „Gefährdung des Kindeswohles“ und kann den Entzug des Sorgerechtes und damit sogar die Einweisung des Kindes in ein Heim zur Folge haben. Prof. Dr. Ernest Bornemann, einer der profiliertesten modernen Sexualforscher, gibt zu bedenken:
„Als erstes beanstande ich, daß vorausgesetzt wird, jene Errungenschaften des neunzehnten Jahrhunderts, das elterliche Schlafzimmer und das separate Kinderzimmer, hätten überall und immer existiert. Das stimmt nicht. Von den Höhlen der Altsteinzeit über die Zelte und Hütten der mittleren Steinzeit bis zu den Langhäusern des Neolithikums haben Erwachsene und Kinder stets im gleichen Raum gelebt und keinerlei Mittel besessen, um den Geschlechtsverkehr voreinander zu verheimlichen... In der gesamten Geschichte der Menschheit gibt es bis zur Erfindung des Kinderzimmers deshalb auch kein einziges Beispiel eines durch den Anblick der elterlichen Sexualbeziehung geschädigten Kindes.“[8]
Bornemanns Rückblick ist allerdings nicht vollständig. Wenn heute etwa ein Einzelkind dabei ist, wenn die Eltern ganz und gar in sich versunken miteinander schlafen, *muß* es sich ausgeschlossen fühlen. Und es ist niemand da, der diesen gefühlsmäßigen Absturz auffängt. Wenn ein Kind in einer Großfamilie das erlebt hat, konnte es sich an die Großmutter kuscheln, an ein Geschwister, Onkel, Tante – Sicher ist der elterliche Beischlaf eine anschauliche Möglichkeit der Aufklärung, aber ob das ein Ausgleich sein kann für die Verlassenheitsgefühle des Einzelkindes oder auch mehrerer kleinerer Kinder ohne weitere Bezugsperson in diesem Augenblick? Da kann am Urvertrauen gerüttelt werden, was ein noch so kleines Kind kaum verkraftet.
Nun könnte man sagen: Na ja, wenn das Kind noch keine drei Jahre alt ist, dann ist es vielleicht zu früh, aber später? Da

protestiert Bornemann: „Wenn man dem Kind aber von Geburt an die Kenntnis dieses arterhaltenden Vorgangs verweigert, dann kann es tatsächlich geschehen, daß diese verspätete Konfrontation des Kindes mit dem Orgasmus der Eltern traumatische Folgen erzeugt. Diese aber nicht als Resultat des elterlichen Geschlechtsverkehrs, sondern im Gegenteil: als Resultat der Tatsache, daß das Kind den natürlichen Übergang vom Schmusen zum Höhepunkt nie miterlebt hat. Was gefährlich ist, ist also keineswegs der Anblick des Geschlechtsverkehrs, sondern der verspätete, unvorbereitete, bis dahin geheimgehaltene Anblick des Verkehrs."[9]

Das bedeutet also: Entweder bekommt das Kind den Geschlechtsverkehr der Eltern von Geburt an mit – oder nicht. Für den Ausschluß des Geschlechtsverkehrs aus der anschaulichen Aufklärung aber spricht noch etwas:

Für die meisten Menschen hat Sexualität immer auch mit Intimität zu tun. Und Intimität heißt, daß Zuschauer jeder Couleur nicht willkommen sind. Die meisten Eltern möchten diese innigste Verbindung wirklich nur zu zweit erleben. Und zur Sexualerziehung in diesem Sinne gehört dann sicher auch, auf eine Art, die dem Alter des Kindes angemessen ist, selbst auch das Recht auf Intimität einzufordern. Auch mit solcher Forderung sind Eltern dann Vorbild für das Sexualleben des Kindes. Konsequenterweise aber müssen sie dann auch die Intimsphäre des Kindes achten, das heißt etwa: Wenn sie am Abend noch einmal nach dem Kind sehen und es dabei entdecken, daß es seine Genitalien reibt oder sich auf andere Weise sexuelle Wünsche befriedigt, so sollten sie es gar nicht zur Kenntnis nehmen (vorausgesetzt, die Handlungen sind nicht in irgendeiner Weise gefährlich). Partnerschaftliche Erziehung beruht auf Anerkennung gleicher Rechte für Eltern und Kinder, auch im Akzept der individuellen Intimsphäre.

Unter diesem Aspekt stellt sich auch die Frage: Wie sollten Eltern darauf reagieren, wenn kleine Kinder nachts im Schlaf-

zimmer erscheinen und ins Elternbett schlüpfen möchten? Es gibt eine Menge Gründe. Das Kind hat Angst vor Dunkelheit und möchte lieber mit den Eltern zusammensein. Das Kind sieht in seinem Zimmer, weil es dunkel ist, Gespenster, Monster und andere Unwesen. Vielleicht hat es auch schlecht geträumt. Oder es ist aufgewacht und kann nun einfach nicht wieder einschlafen. Alles gewichtige Gründe für das Kind, die Nähe der Eltern zu suchen. Manchmal braucht ein Kind diese Nähe in der Nacht einfach. Das Elternbett sollte darum nicht tabu sein. Und die meisten Eltern sind auch bereit, das Kind in ihrem Bett aufzunehmen.
Die Zeitschrift „Eltern“ befragte ihre Leserinnen zu dieser Gewohnheit. 18000 antworteten. Daraus ergab sich:

- 57 Prozent der Babys bis zu sechs Monaten schlafen regelmäßig bei den Eltern.
- 65 Prozent der Kinder im zweiten Lebenshalbjahr kuscheln sich ins Elternbett, und zwar fast Nacht für Nacht.
- 74 Prozent der Jungen und Mädchen zwischen einem Jahr und zwei Jahren schlummern im Elternbett.
- Noch größer ist die Lust auf die Eltern in der Nacht bei den Zwei- bis Dreijährigen: 79 Prozent.
- Von den Drei- bis Fünfjährigen kommen sogar 84 Prozent ins Elternbett.

Wie kommt es, daß bei zunehmendem Alter die Anteile immer größer werden? Kinder, die jünger als ein Jahr sind, können noch nicht von allein ins Schlafzimmer der Eltern marschieren. Darum sind nur die bei den Eltern, die von ihnen freiwillig mit ins Bett genommen werden. Später hat dann sicher auch einen Einfluß, daß ältere Kinder es einfach schon besser gelernt haben, ihre eigenen Bedürfnisse anzumelden.
Das nächtliche Familienkuscheln ist für das Kind zweifellos eine wunderschöne Sache. Nur: Es sollte aber nicht zur Gewohnheit werden. Denn: 64 Prozent der befragten Eltern ha-

ben zwar behauptet, daß sie mit Kind in der Mitte nicht schlechter schlafen als ohne. 34 Prozent aber geben zu, daß sie viel weniger Ruhe bekommen in „Kinder“-Nächten. Eltern von Babys lassen sich durch den Schlafgast nicht davon abhalten, miteinander zu schlafen. Doch 32 Prozent der Eltern von Kindern zwischen einem Jahr und fünf Jahren sagen, daß die Nächte zu dritt ihrer Ehe schaden.

Auch wenn sie Lust aufeinander haben, schlafen die meisten Eltern eben doch nicht miteinander, wenn das Kind dabei ist. Und: Weil sich die meisten Kinder vor allem an die Mutter kuscheln, fühlt sich der Vater oft ausgeschlossen. Manche Väter reagieren sogar heftig eifersüchtig oder aggressiv dem Kind gegenüber. Trotzdem: Die Kleinen sollten möglichst nicht aus dem Paradies vertrieben werden! Aber kleine Tricks sind schon erlaubt, um doch noch oft genug ein Intimleben zu zweit genießen zu können.

Eltern können es ja durchaus ein wenig beeinflussen, ob das Kind am Abend müde ist oder nicht. Sitzt der Nachwuchs zum Beispiel den ganzen Nachmittag herum, vielleicht vor dem Fernseher, so ist es kein Wunder, wenn das Kind nicht müde genug ist, um die ganze Nacht durchzuschlafen. Konnte es aber ausgiebig toben, schläft es meist rascher ein und meist sogar durch. Und wenn das Kind fernsieht: Wenn es kurz vor dem Schlafengehen noch eine aufregende Sendung sehen durfte, ist ohnehin klar, daß es keine ungestörte Ruhe finden wird. Wichtig für die kindliche Nachtruhe ist es auch, daß das Kind unbelastet ins Bett gehen kann. Gibt es noch etwas zu klären, sollten sich die Eltern vor dem Schlafengehen noch einige Minuten Zeit nehmen, um das Problem altersgerecht zu erörtern. Eine zärtliche Gute-Nacht-Zeremonie (siehe Seite 65) gibt dem Kleinen das beruhigende Gefühl, daß zwischen ihm und seinen Eltern alles in Ordnung ist. Mit so einem Gefühl hat man ein sanftes Ruhe kissen.

Eltern sollten dem Kind auch immer wieder klarzumachen versuchen, daß das Familienkuscheln im Elternschlafzimmer immer die Ausnahme ist. Im Kindergartenalter sollten Sie dann die Lust der meisten Kinder ausnutzen, immer wieder einmal einen Schlafgast aus dem Kindergarten einzuladen. Den kann das Kind dann ja nicht allein lassen. Und vielleicht ist er dann ein gutes Argument, das Kind allmählich wieder an das Schlafen im eigenen Zimmer zu gewöhnen.
Andererseits sollten Eltern Kindern auch ehrlich sagen, daß sie im Notfall natürlich immer für sie da sind, daß sie aber ihren eigenen Raum brauchen, daß sie nicht rund um die Uhr nur Eltern sein können. Lernen, daß man sich auch abgrenzen muß gegenüber anderen, das ist ja durchaus auch ein Stückchen Sexualerziehung, das überhaupt nur durch das Vorbild der Eltern realisierbar ist.

Zärtlicher Kleinkindalltag

Das Kleinkind ist immer in Bewegung. Es hat laufen gelernt und ist stolz darauf. Also läuft es. Es will irgendwo hinaufklettern und wieder hinunterspringen. Es tanzt, hüpft, rennt...

Es hat enorm an Selbständigkeit gewonnen. Es kann sich entfernen oder auf einen Menschen zugehen. Es kann also Beziehungen zu anderen aufnehmen oder einen Kontakt abbrechen. In diesem Alter sind Kinder eher Rabauken als Schmusekatzen. Aber weil die neue Beweglichkeit erst geübt werden muß, gibt es auch eine Menge Mißgeschicke. Das Kind stürzt, klemmt sich, holt sich Abschürfungen und Beulen. Das tut weh. Nicht nur körperlich, weil das Mißlingen an sich schmerzlich ist. Da flieht das Kind zur Mutter, zum Vater, um sich anzukuscheln und sich trösten zu lassen. Da ist dann Zärtlichkeit gefragt. Die kleinen Pechvögel wollen in den Arm genommen, gedrückt und gestreichelt werden. Wenn der Pustewind kühlend über die wachsende Beule streicht, tut sie eben viel weniger weh.

Ein- bis Zweijährige sind meist noch auf die Zeichensprache angewiesen, um ihren Schmerz mitzuteilen. Bei kleinen körperlichen Verletzungen helfen oft schon die gängigen Trostverse, wenn sie von Streicheln begleitet werden. „Heile, heile Segen" zum Beispiel.

Wenn die Mutter selbst die Quelle des Kummers ist, wenn sie etwa ein Verbot ausgesprochen hat, das einengt, ist sie natürlich als Trösterin eher ungeeignet. Da ist es gut, wenn Geschwister da sind, die oft auch sehr einfühlsam trösten können, weil sie derlei ja auch schon erlebt und erlitten haben. Wenn niemand da ist, der trösten kann, muß das Lieblings-Kuscheltier herhalten, das man ganz fest ans Herz drücken und vor dem man seinen ganzen Kummer ausbreiten kann.

Besonders hilfreich ist eine Kuschelecke, die man irgendwo in einem Wohnungswinkel einrichten kann, indem man möglichst viele weiche Kissen aufhäuft, in die man sich tief eingraben kann mit all seinem Kummer und dem Kuscheltier. So ein Rückzugswinkel hilft auch bei plötzlichen Trotzanfällen, die ausgekuschelt sein wollen.
Ein kleines Kind bewegt sich stets zwischen „himmelhoch jauchzend" und „zu Tode betrübt". Und es ist wichtig, daß es weiß: Meine Eltern haben mich in allen meinen Höhen und Tiefen lieb. Daraus kann es dann bald schließen: Ich kann mit allem zu ihnen kommen.
Gut für eine harmonische Entwicklung ist es, wenn Sie rasante Tobephasen Ihres Kindes hin und wieder mit – wenn auch kurzen – Zeiten unterbrechen können, in denen es sich zusammen mit Ihnen ruhiger beschäftigt. Nehmen Sie das Kleine auf den Schoß. Schauen Sie mit ihm ein Bilderbuch an, alle Details auf den Bildern. Erzählen Sie ihm eine Geschichte, oder singen sie mit ihm ein Kinderlied. Machen Sie das Streicheln, das beruhigt, selbst zu einem Spiel: Streichen Sie ihm mit einer weichen Bürste, mit einem Wollschal, mit Seidenpapier, mit ein paar Seidenbändern zart über seinen Rücken. Errät das Kind, womit Sie es streicheln? Fingerspiele und Kniereiter bleiben weiter Favoriten. Spielen Sie zusammen mit dem Kind häufiger mit Puppen. Auch Jungen dürfen Puppen spielen. Schließlich möchten die meisten auch einmal Väter werden. Gehen Sie immer ganz lieb mit den Puppen um. Bedenken Sie: Dem Kind ist die Puppe ein Mensch. Auch Kuscheltiere leben für das Kind. Solche Lieblinge werden nie in die Waschmaschine geworfen, jedenfalls nicht vor den Kinderaugen. Und schon gar nicht auf den Müll. Wenn sie mit auf die Reise sollen, werden sie nicht in den Koffer gepackt, da bekämen sie ja keine Luft. Sie werden stets obenauf in einem Rucksack oder in eine Tasche gesteckt, wo sie rausgucken können.

Kleine Kinder sind sensibel. Und ihre Sensibilität sollte nicht zerstört werden. Unsensible Erwachsene gibt es schon mehr als genug.
Jeder Tag endet im Bett. Das paßt den meisten Kindern ganz und gar nicht. Mit festen Einschlafregeln, die sich zum Ritual auswachsen können, läßt sich das Zubettgehen versüßen. Bevor Philipp André zum Beispiel unter die Bettdecke kriecht, darf er mit der Mutter immer noch ein Weilchen ins bunt bebilderte Liederbuch schauen, darf sich ein paar Lieder aussuchen, die die Mutter dann vorsingt. Bei einigen kann er streckenweise schon mitsingen. Und er tut es mit Inbrunst. Dabei gibt es eine feste Ordnung: Wenn „Schlaf, Kindlein, schlaf" verklungen ist, geht es unwiderruflich in die Kissen. Dort müssen die Eltern dann nicht nur ihm einen Gute-Nacht-Kuß geben, sondern auch dem Teddy und der Stoffpuppe Anna. Schließlich prüft der Junge, ob Schmusekissen und Nuckelflasche am rechten Ort liegen. Erst dann ist er mit sich und seiner Welt zufrieden. Mutter zieht die Spieluhr auf und kann das Zimmer beruhigt verlassen.
Andere Kinder bekommen Abend für Abend vom Vater eine Geschichte erzählt.
Viele erleben den Übergang vom Tag zur Nacht mit Angst. „Die Furcht vor dem Schlaf tritt gewöhnlich im zweiten Lebensjahr auf", stellte der amerikanische Kinderpsychologe B. Wolmann nach einer vierzehnjährigen Praxis fest. Und er erläutert: „Das Kind, das bisher immer gleich in den Schlaf zu fallen pflegte, wenn es gesättigt, müde oder einfach still zufrieden war, wehrt sich auf einmal gegen den Schlaf, selbst wenn es sehr müde ist. Es wirft sich in seinem Bettchen herum, stellt unzählige Fragen, weint, ruft nach der Mutter, verlangt, daß die Tür offenbleibt, bittet um Wasser . . ."
Wolmann: „In diesem Alter ist das Kind seelisch schon an die Eltern gebunden und fühlt sich sicher, wenn es die vertrauten Gesichter sieht und die vertrauten Stimmen hört. In

Schlaf fallen bedeutet jedoch Aufgabe des Sicherheitsgefühls und Eintauchen in die unbekannte Welt der Einsamkeit ...“[10]
Der Psychologe mutmaßt, daß das Sich-gegen-den-Schlaf-Wehren mit der Furcht vor dem Verlassen-Werden zusammenhängt.
Der Kinderpsychiater Jerome S. Fass, ebenfalls Amerikaner, weist noch auf eine andere Quelle der Angst vor dem Schlafen hin: Viele Kinder stellen sich die Frage. „Werden wir auch bestimmt wieder aufwachen?“ Er rät: „Solche Kinder bedürfen bestimmter Rituale, die ihnen das Gefühl der Sicherheit zu geben vermögen.“[11]
Zusammen mit seiner Mutter hatte der vierjährige Dennis ein schon recht kompliziertes Ritual entwickelt. Seine Mutter erzählt: „Dennis zieht sich jeden Abend unter demselben heftigen Protest selbst aus. Das muß aber lange vor dem Schlafengehen passieren, denn dabei ist er noch laut und lebhaft. Ist er schließlich fertig, schnappe ich mir das zappelnde Bündel und packe es ziemlich wortkarg ins Bett. Ich lasse ihn erst einmal allein. Aber ich gehe schon mal an den Kühlschrank, die Milch zu holen. Denn etwa zehn Minuten später kommt Dennis, bereits etwas beruhigt, und bittet um ein Glas Milch. Hat er das ausgetrunken, verschwindet er wieder. Nach weiteren zehn Minuten ist er aber erneut da. Nun muß er zum Klo. Er ist ruhig. Nun gehe ich mit ihm in sein Zimmer. Meist erzähle ich ihm eine Geschichte. Und wir schmusen dabei. Er muß auch noch loswerden, was ihn beunruhigt. So hatte ich ihm zum Beispiel einmal erzählt, daß man beim Schlafen kein Licht mehr braucht, wenn man groß ist. Darauf kam er in einem so kuscheligen Augenblick zurück.
„Und was machst du, wenn die Krokodile kommen?“ Ich habe ihm dann erzählt, daß die Krokodile nicht wirklich kommen, wenn es dunkel wird, daß er das nur einmal ge-

träumt habe. Er schloß mich dann noch mal fest in die Arme, und dann fielen ihm die Augen zu."
Gegen so viel Liebe kommen eben auch Alptraumkrokodile nicht an.

Von der Sexualität des Kindergartenkindes

Frühkindliche Sexualität

Vor dem Schuleintritt wird fast bei allen Kindern in der sexuellen Enwicklung ein vorläufiges Reifestadium erreicht. Die Genitalien sind nun so weit entwickelt, daß Masturbation im eigentlichen Sinne möglich wird. Zwar haben auch Babys und Kleinkinder sich körperlich-sinnliche Lust durch Manipulation an den Genitalien verschafft, aber erst jetzt kann diese Lust bis zum Orgasmus gesteigert werden.
Der Psychologe Helmut Kentler beschreibt die Selbstbefriedigung von Kindern im Kindergartenalter so:
„Die Jungen erleben Gliedversteifungen, die durch Reibung der Kleidung oder eine gefüllte Blase zustande kommen. Die lustvollen Gefühle dabei versuchen sie, mit der Hand zu verstärken, oder sie legen sich auf den Bauch und drücken sich rhythmisch gegen die Unterlage. Wenn sie entdeckt haben, wie sich die Reize aufladen und schließlich im Orgasmus entladen, reizen sie sich bewußt, bis sie diesen Lusthöhepunkt erreicht haben. Dabei unterscheidet sich ihr Orgasmus von dem des geschlechtsreifen Mannes nur dadurch, daß noch kein Schleim der Vorsteherdrüse und kein Samen ausgestoßen wird und daß leicht mehrere Orgasmen hintereinander ohne längere Ruhezeiten möglich sind.
Die Mädchen verhalten sich kaum anders. Sie reizen mit der Hand vor allem den Kitzler. Oft liegen sie auch bäuchlings mit hochgezogenen Knien da und verschaffen sich bis zum

Orgasmus lustvolle Gefühle, indem sie das Becken rhythmisch bewegen und die Geschlechtsfalte gegen ein Kissen oder ein Stofftier drücken."[12]

Eltern sind immer noch nicht sicher, wie sie sich verhalten sollen, wenn sie entdecken, daß ihr Kind sich selbst befriedigt. Kentler: „Es gibt keinen vernünftigen Grund, warum die Selbstbefriedigung unterbunden werden müßte. Selbstbefriedigung ist absolut unschädlich. Ihr Vorkommen ist sogar ein gutes Zeichen. Kinder, die sich nicht selbst befriedigen, sind entweder krank oder sie sind schwer gehemmt durch psychische Fehlentwicklungen. Die Eltern brauchen auch nicht besorgt zu sein, wenn sich ein Kind zunächst sehr häufig befriedigt, nachdem es die Technik der Selbstbefriedigung entdeckt hat: Jede Funktion, die neu entsteht, wird spielerisch in immer neuer Wiederholung eingeübt."[13]

Die meisten Eltern regt die Selbstbefriedigung an sich gar nicht mehr sonderlich auf. Ihre tatsächlich aber noch vorhandene Unsicherheit wird deutlich, wenn das Kind nicht nur zu Hause, sondern auch bei der Oma, im Kindergarten oder in der Straßenbahn, die Hand ohne Hemmungen ins Höschen steckt. Zwar wird immer auch *ein* Ziel der Sexualerziehung sein, einem Kind klarzumachen, daß jede Art von sexueller Befriedigung in unserem Kulturkreis in die Intimsphäre gehört. Doch das ist für Kinder ziemlich schwer zu verstehen. Denn Kinder denken ganz gradlinig. Was verboten ist, ist überall verboten. Und was irgendwo erlaubt ist, muß überall erlaubt sein. Ob in diesem Fall die Einsicht wächst, daß sexuelle Befriedigung zwar erlaubt ist, aber nicht überall betrieben werden kann, das hängt davon ab, ob es die Eltern fertigbringen, mit ihrem Kind über seine Selbstbefriedigung zu sprechen.

Es gibt gottlob nur noch wenige Eltern, die sexuelle Selbstbefriedigung verbieten. Das hätte aber auch fatale Folgen. Sexualität – und beim Kind ist die Selbstbefriedigung ein ganz

wesentlicher Teil – wäre damit abgestempelt als etwas Verbotenes, etwas, was man, weil es verboten ist, nur heimlich tun kann. Sexualität ist also verboten, strafbar, böse.
Wer mit solchem Stempel auf der Seele aufwächst, wächst zudem, weil er sich heimlich ja dann doch hin und wieder befriedigt, auch noch mit schweren Schuldgefühlen auf. Er spürt, daß er seine Eltern hintergeht. Damit hat er selbst die Vertrauensbasis für die Beziehung zu ihnen zerstört. Weil er über diese Belastung ja nicht reden kann, weil er damit ja aufdecken würde, daß er etwas Verbotenes, Strafbares, Böses getan hat, darum wächst ein solches Kind zudem meist auch noch recht einsam auf.
Die allermeisten Eltern sind sich über diese Folgen im klaren. Darum verbieten sie die Selbstbefriedigung nicht. Sehr viele versuchen, sie einfach taktvoll zu übersehen.
Doch auch das ist keine wünschenswerte für das Kind förderliche Reaktion. Denn auch das wirkt, als sei es etwas Verbotenes, das die Eltern nur nicht an die große Glocke hängen.
Etwas besser wäre schon, wenn man dem Kind durch freundliches Zunicken zu verstehen gibt, daß man nichts dagegen hat.
Helmut Kentler: „Deutlicher wäre für das Kind die Zustimmung, wenn die Eltern sagen könnten: ‚Na, gefällt es dir?' Hineingenommen in die Beziehung zwischen den Eltern und ihrem Kind und damit anerkannt ist die Selbstbefriedigung aber erst, wenn über sie wie über anderes gesprochen werden kann."
Das ist aber leider immer noch die Ausnahme.

Doktorspiele

Die kindliche Neugier ist der Motor der geistigen Entwicklung des Kindes. Der Forscherdrang zielt auf alle Dinge in der Umwelt, auf die Stereo-Anlage der Eltern ebenso wie auf das eigene und das andere Geschlecht.
Bis zum Kindergartenalter haben fast alle Kinder begriffen: Es gibt Männer und Frauen, Jungen und Mädchen. Und: Ich bin ein Mädchen. Oder: Ich bin ein Junge. Meist wissen die Kinder dieses Alters auch schon: Das Geschlecht liegt ein für allemal fest.
Ihren eigenen Körper erproben die Drei- bis Fünfjährigen weiter und sie erweisen sich dabei als recht kreativ, wenn sie nicht durch Tabus und Verbote über Gebühr eingeschränkt werden. Nun wollen sie aber dringend mehr über das andere Geschlecht wissen.
Die sogenannten Doktorspiele geben dafür besonders gute Gelegenheit. Kinder spielen Kaufmann und Kunde, Lehrer und Schüler, Polizist und Verkehrsteilnehmer. Warum sollten sie also nicht auch Doktor und Patient spielen? Dabei kann derjenige, der den Doktor, oder diejenige, die die Ärztin spielt, auf ganz „legitime“ Art den Körper eines anderen Kindes untersuchen. Schließlich ist es üblich, sich vor dem Arzt, der Ärztin auszuziehen.
Doch an der Art, wie die Kinder dieses Spiel gestalten, wird sehr schnell deutlich, daß es sich eben nicht um ein Rollenspiel wie alle anderen Rollenspiele handelt, sondern um eine Verhaltensweise, die auch Erwachsene bei Annäherungsversuchen an den Tag legen. Wie viele junge Leute gehen mit anderen Jungen und Mädchen gemeinsam baden, nicht weil sie sich sportlich betätigen wollen, sondern weil sie ein bestimmtes Mädel, einen bestimmten Jungen einmal etwas spärlicher bekleidet als sonst angucken möchten.

Oder noch weitergehend sei an das Spiel mit der Tasse Kaffee mitten in der Nacht erinnert, die unbedingt noch im Zimmer der Dame/des Herrn getrunken werden wollte. Ein solches Verhaltensmuster erlaubt, bei der Annäherung anfangs noch ein bißchen in Deckung zu bleiben.

Und genau wie die besagte Tasse Kaffee auch erst einmal gekocht und vielleicht sogar getrunken wird, ehe man zu dem kommt, was im Grunde beide wollten, als sie sich auf die Tasse Kaffee einigten, ganz genau so spielen die Kinder ihr Doktorspiel. Sie kommen nicht sofort zur Sache. Fast immer wird erst ein ärztlicher Blick in den Mund geworfen, um die Zähne anzuschauen oder den Rachen. Dann wird das Herz abgehorcht und der Puls gefühlt. Und dann kommt aber recht bald die Bemerkung des Doktors oder der Ärztin: „Ist denn auch ‚da unten' alles in Ordnung? Da muß ich doch mal nachschauen!" Oder: „Jetzt muß ich noch deinen Penis untersuchen!" Oder: „Ich will noch nach deiner Scheide schauen!" Auch die Kinder kommen also nicht gleich zur Sache, sondern machen fast immer einen Umweg. Dann aber widmen sich die „Mediziner" ausgiebig der Untersuchung der Genitalien.

Oft wehrt sich der Patient, die Patientin zunächst gegen die Untersuchung unter der Gürtellinie. Aber an der Art, in der er oder sie sich wehrt, erkennt jeder, daß sie sie oder er sie im Grunde doch will. Zuerst muß eine gewisse Schüchternheit überwunden werden oder eine Scham. Doch weil es auch das Kind, das den Patienten, die Patientin spielt, will, wird die Untersuchung dann gründlichst vorgenommen.

Oft findet so ein Doktorspiel hinter ausnahmsweise verschlossenen Kinderzimmertüren statt. Die Eltern spüren meist genau, was da im Zimmer vor sich geht, aber auch, daß sie als Zuschauer nicht erwünscht sind. Viele wissen dann nicht so recht, wie sie sich verhalten sollten. Am liebsten möchten viele ihre Kinder ablenken, etwa mit dem verlockenden Angebot – durch die verschlossene Tür, versteht sich – der Lieblings-

leckerei oder mit der Frage, wann der Spielkamerad, die Spielkameradin denn zu Hause sein müsse.
Einfach reinplatzen in das Spiel, das tun heute sicher nur noch wenige Eltern. Gleichbedeutend wäre auch die durch herbes Klopfen unterstützte Aufforderung, die Tür sofort zu öffnen. Bei sonst partnerschaftlichem Erziehungsstil wäre das ein schrecklicher Stilbruch. Denn die Eltern fordern ja auch ein Recht auf ihre Intimsphäre, wollen hin und wieder auch einmal nicht gestört werden. Dasselbe Recht dürfen auch Kinder in Anspruch nehmen. Vor allem aber kann die brutale Störung durch den Erwachsenen, der damit zugleich auch noch fordert, sofort mit dem Spiel aufzuhören, zum traumatischen Erlebnis werden, das die spätere Sexualität schwer belastet.
Wenn gestört werden muß, etwa weil das andere Kind wirklich nun nach Hause muß oder aus einem anderen zwingenden Grund, dann sollte das durch leises Anklopfen geschehen, auch mit einer Entschuldigung für die Störung. Und man sollte den Kindern ein wenig Zeit lassen, in die Wirklichkeit zurückzufinden. Und kommen die Kinder dann heraus, könnte man beide in den Arm nehmen und ihnen vermitteln, daß man ahnt, daß sie gerade sehr schön gespielt haben oder daß sie gerade besonders freundschaftlich miteinander verbunden waren.
Das wäre zum Beispiel auch ein Anlaß, mit dem eigenen Kind später noch einmal über das Doktorspiel zu sprechen. Dabei sollte es nicht um die Frage gehen, ob so ein Spiel gut oder nicht gut ist, sondern vor allem um die Frage nach dem Wie. Manche Kinder versuchen ja durchaus, in Körperöffnungen etwas hineinzustecken. Und man sollte Kindern unbedingt verdeutlichen, daß es dem anderen Kind dabei weh tut und es sogar verletzen kann. An den Genitalien sollte von den Kindern nie mit „ärztlichen Instrumenten“, sondern ausschließlich mit der bloßen Hand untersucht werden, weil sonst die Gefahr der Schädigung besteht.

Prägende Sandkastenfreundschaften

Kindergartenkinder betrachten nun aber nicht etwa alle ihre Spielkameraden zeitweilig vor allem als Untersuchungsobjekte, an denen sie vorrangig herausfinden wollen, worin im einzelnen sich die Geschlechter unterscheiden. Zwischen ihnen gibt es sehr unterschiedliche Beziehungen. Da sind Kinder, mit denen man spielt, wenn keine anderen da sind. Da gibt es bevorzugte Spielkameraden. Und es gibt auch erste Freundschaften. Eine Mutter aus der bereits zitierten Beobachtungsgruppe von Carollee Howes erzählt aus ihrer Erfahrung im Kindergarten:
„Immer wenn ich kam, um Lisa abzuholen, weinte sie und bekam einen Wutanfall. Jeden Tag aufs neue war es ein Kampf, sie zum Nach-Hause-Gehen zu bewegen. Dann fuhren wir gemeinsam mit ihrem Freund Jan, und sofort wurde es viel leichter."
Ähnliches berichtet eine andere Mutter:
„Wenn ich meinen dreijährigen Sohn in den Kindergarten brachte, gab es anfangs stets dicke Abschiedstränen oder Wutgebrüll. Doch plötzlich fiel mir auf: Wenn ich genügend Zeit habe, um zu warten, bis Jerry mit Kathi zu spielen beginnt, gibt es beim Weggehen keinen Ärger. Sie sind von Anfang an zusammen und wirklich Freunde. Ich setze ihn jetzt einfach neben ihr ab, und dann kann ich ohne Schwierigkeiten fortgehen."
Für beide Erfahrungen gilt: Die Kinder haben im Kindergarten eine Menge Gleichaltriger um sich. Aber da gibt es für beide erst Dreijährige jeweils eines, in dessen Nähe sie sich so sicher und geborgen fühlen, daß sie den Schmerz der Trennung von der Mutter oder von der ganzen Schar fröhlicher Altersgenossen gar nicht mehr als schwer empfinden. Dieses Kind nimmt dann deutlich eine Sonderstellung ein.

Solche ersten Beziehungen gründen sich offenbar vor allem auf ein Gefühl von Sympathie. Sie kommen meist durch Zufall zustande. Es ist gut, wenn Eltern das besondere Verhältnis zu diesem Kind bemerken und das dann auch unterstützen. Wenn Beate also zum Beispiel häufiger fragt: „Darf Niels mit in den Zoo?" oder: „Darf Niels einmal bei mir schlafen?" Wenn dieser Niels – oder wie immer das Kind in einer solchen Sonderstellung heißen mag, immer wieder als erster als Begleitung oder Spielkamerad erwünscht ist, dann sollte die Antwort, ganz bewußt auf diese Sonderstellung anspielend, lauten: „Ja, schließlich ist er dein Freund!"
Und wenn sich der Wunsch nicht erfüllen läßt: „Ich verstehe, daß du möchtest, daß dein Freund dabei ist. Aber leider geht das diesmal nicht, weil . . .". Auf diese Weise helfen Eltern ihrem Kind, sich seiner Freundschaft bewußt zu werden.
Solche „Sandkastenfreundschaften" sind meist kumpelhaft unerotisch. Sie können aber auch den Zauber einer allerersten großen Liebe haben. Sensible Eltern merken das sofort. „Bei den üblichen Kinderfreundschaften dreht es sich hauptsächlich darum, angenommen und akzeptiert zu werden, Kinder suchen dabei das Gefühl der Zugehörigkeit, des Aufgehobenseins", schreibt der Sexualwissenschaftler Dr. Werner Habermehl. „Wenn Kinder sich aber verlieben, brauchen sie plötzlich keinen anderen mehr, die anderen Spiel- und Schulkameraden sind passé, sie haben nur noch Zeit und Blicke für ihren Schwarm."[14]
Wenn sich zwei Kinder wortlos in ihren Gefühlen einig sind, wenn sich eben beide Kinder ineinander verliebt haben, dann sieht es ihnen selbst ein sensibler Fremder aus der Ferne an. Sie können dann Hand in Hand am Spielzeug-Schaufenster stehen und stillschweigend ihre Phantasie mit allen den Herrlichkeiten schon gemeinsam spielen lassen. Sie können ineinander versunken einen Ameisenhaufen betrachten oder einen quakenden Frosch. Sie haben tief wurzelnde Gemeinsam-

keiten bei dem, was sie interessiert oder fasziniert, und sie haben schon eine verwandte Art, die Dinge zu betrachten. Nichts macht ein auf diese Weise verliebtes Kind so verzweifelt wie ein Streit mit dem Freund oder der Freundin. Es ist sehr wichtig, daß Eltern einen solchen schwer belastenden Kummer nicht mit den normalen Kinderstreitigkeiten verwechseln. „Trostworte" wie „dann spielst du eben mit dem Peter" wären fatal. Denn es wäre der Rat, eine tiefe Beziehung einfach beiseite zu schieben, wenn mal Schwierigkeiten auftauchen. In einem solchen Fall wäre es sehr viel besser, zusammen mit dem Kind nach Wegen zu suchen, den Konflikt, der augenscheinlich aufgebrochen ist, zu klären. Ist das so bekümmerte Kind schon fünf oder sechs Jahre, kann man ihm durchaus schon klarzumachen versuchen, daß es auch in einer Freundschaft Meinungsverschiedenheiten gibt, daß man deswegen aber nicht gleich die Freundschaft aufgeben muß, daß man auch darüber reden kann. Daß Freunde auch gar nicht immer einer Meinung sein müssen. Daß Freunde gegenseitig Andersartiges tolerieren. Das läßt sich so kleinen Kindern natürlich nicht so abstrakt erklären, aber sicher werden alle Eltern Beispiele aus ihrer Umgebung kennen, die sie für diese Meinungen ins Feld führen können. Vielleicht gibt es ja auch Meinungsverschiedenheiten zwischen Mutter und Vater, die das Kind bereits kennt und an die es die Eltern in diesem Moment erinnern könnten. „Aber deswegen würden wir uns doch nicht scheiden lassen!"
Dr. Werner Habermehl ist allerdings eher skeptisch, daß Eltern sensibel mit der ersten großen Liebe ihrer Kinder umgehen. „Fast allen Eltern fällt es schwer, richtig auf die erste große Liebe ihrer Kinder zu reagieren. Sollen sie lachen oder weinen, wenn ein Dreckspatz plötzlich anfängt, sich freiwillig zu waschen. Müssen sie sich sorgen, wenn die Tochter dem frechsten Lümmel der ganzen Straße hinterherschmachtet? Dürfen sie dulden, wenn der Junge mit der Freundin in einer

Höhle verschwindet? Viele sexualwissenschaftliche Untersuchungen zeigen: Am wichtigsten ist es, sowenig wie möglich in die Entwicklung der Kinder einzugreifen." Doch bei Krisen braucht das Kind die Eltern. Habermehl: „Wenn Eltern die Chance zu einfühlsamen und behutsamen Gesprächen mit ihrem Kind nutzen, kann es ja auch sein, daß sie sich plötzlich wieder an die eigene erste große Liebe erinnern. Dem Verständnis für das Kind wird's nicht schaden."[14]
Übrigens: Habermehls Untersuchungen haben gezeigt: 57 Prozent der Kinder haben bis zum Alter von sechs Jahren zumindest ein erotisch gefärbtes Erlebnis gehabt.

Der Ödipuskomplex hat ausgedient

Sigmund Freud ist es zu danken, daß er das Thema Sexualität hoffähig machte. Einige ganz wesentliche Erkenntnisse haben bis heute auch ihre Überzeugungskraft nicht verloren. Trotzdem gibt es auch Bereiche, in denen er Meinungen vertrat, die uns unsicherer gemacht haben. Von einigen davon war bereits die Rede. Eine der wichtigsten dieser Bereiche ist der vielzitierte Ödipuskomplex. Freud entwickelte dabei folgende Theorie:

Nachdem den Jungen und Mädchen ihre Geschlechtlichkeit bewußt geworden sei, werde ihr Interesse auch an der unterschiedlichen Geschlechtlichkeit ihrer Eltern geweckt. Söhne wollten dann ihre Mutter, Töchter ihren Vater verführen. Da die Begierden aber nicht befriedigt werden könnten, hätten Söhne folglich oft den Wunsch, den Vater, der als Rivale empfunden werde, zu töten. Dieser Wunsch steige allerdings selten ins Bewußtsein und wäre darum oft Traummotiv. Gleichzeitig aber fürchteten sie seine Rache, was zur Kastrationsangst führe, zur Furcht also, der Vater könne dem Sohn zur Strafe seine Männlichkeit verletzen, etwa den Penis abschneiden.

Auch Töchter empfänden Eifersucht gegenüber der Mutter. Sie allerdings könnten ja an Tötung gar nicht denken, weil ihre eigene Versorgung dann in Frage gestellt sei. Diese vermuteten Vorgänge hat Freud etwa 1910 in Anlehnung an eine griechische Sage beschrieben, in der Ödipus seinen Vater tötet und seine Mutter heiratet (allerdings, ohne das zu wissen).

Freud meinte weiter: Da die Zwei- bis Fünfjährigen der Gewalt einer solchen Krise hilflos ausgeliefert seien, könnten sie diese Probleme nicht angemessen verarbeiten, müßten sie daher verdrängen. Je stärker nun die Begierde sei und je weniger die Probleme bearbeitet werden könnten, um so wahrscheinlicher sei eine psychische Fehlentwicklung. Und so verwundert es nicht, daß der Ödipuskomplex ein Dreivierteljahrhundert lang als Zauberformel galt für die Erklärung der unterschiedlichsten Neurosen.

Für Eltern hatte das zum Teil fatale Folgen. Manche von ihnen konnten sich bei Zärtlichkeiten mit dem andersgeschlechtlichen Nachwuchs eines unguten Gefühls nicht erwehren. Sie fragten sich: Ist es überhaupt erlaubt, daß Mutter und Sohn oder Vater und Tochter im Bett miteinander schmusen? Weckt oder verstärkt man so nicht sexuelle Begierden? Dürfen sich also Eltern überhaupt nackt ihren Kindern zeigen? Oder stürzen sie sie damit geradezu in die tiefsten Abgründe ihrer Gefühle?

Solche Zweifel konnten schon dazu führen, daß die Eltern ihren Kindern nicht die Zärtlichkeit schenkten, die sie eigentlich gebraucht hätten, nicht die Geborgenheit, nach der sie sich ja vor allem sehnten. Das aber erschwerte dem heranwachsenden Nachwuchs dann oft sogar sein Bindungsverhalten. Darum ist die Erkenntnis wichtig: Der Ödipuskomplex ist widerlegt. Freud war von der in seiner Zeit gängigen Meinung ausgegangen, daß Tiereltern selbstverständlich mit dem andersgeschlechtlichen Nachwuchs sexuell verkehren. Darum meinte er, daß ein solches Inzestbegehren ein natürlicher Trieb sei.

Genau das Gegenteil bewies der deutsche Verhaltensforscher Prof. Dr. Norbert Bischof. Er wies nach: Es gibt bei allen Tieren, die unter natürlichen Bedingungen leben, eine Inzestschranke, einen Instinkt, der das Jungtier gerade davon abhält, mit Eltern oder Geschwistern Geschlechtsverkehr zu haben. Nur wer seine Beobachtungen auf Tiere beschränke, die – wie etwa die Haustiere oder die Zootiere – keine freie Partnerwahl hätten, könne ein Inzestbegehren in der Natur vermuten, betont Bischof. Der Schüler des

berühmten Verhaltensforschers Konrad Lorenz erkannte in eigenen Experimenten und in den Auswertungen von Feldstudien seiner Kollegen, daß frei lebende Tiere ihre Familien spontan verlassen, wenn sie geschlechtsreif sind und auf die Geborgenheit der Eltern verzichten können, um sich außerhalb der Familiengruppe einen Geschlechtspartner zu suchen.
Zärtliche Zuneigungen, die zwischen Eltern und Kindern und zwischen den Geschwistern bestanden, hatten demnach nichts zu tun mit dem Wunsch, einander zu verführen, sondern ausschließlich mit der Sehnsucht nach Zärtlichkeit und Geborgenheit, nach der vielzitierten Nestwärme. Wenn die nicht mehr gebraucht wird, wird nach und nach aus dem zärtlichen ein distanzierteres Verhältnis.
Wenn es aber nun kein natürliches Bedürfnis gibt, die eigenen Eltern zu verführen, so findet auch keine Verdrängung statt, die ja als Ursache von vielen Neurosen angesehen wurde. Der ganze Ödipuskomplex fällt wie ein Kartenhaus zusammen.
Bischof war es übrigens in seinem Buch „Das Rätsel Ödipuskomplex" nicht – wie der Titel vermuten lassen könnte – allein um dieses Thema gegangen. Im persönlichen Gespräch nannte er es sogar nur ein „Randproblem". Es ging ihm in erster Linie darum zu klären, wie Menschen ihre Bindungen überhaupt gestalten, ob es – wie Freud dachte – der Sexualtrieb ist, der uns steuert, oder ob nicht noch andere Faktoren eine Rolle spielen. In diesem Zusammenhang vertritt er die Meinung, „daß alle menschlichen Bindungen im Spannungsfeld zwischen zwei Polen liegen. Auf der einen Seite steht das Bedürfnis, eine selbständige autonome Persönlichkeit zu werden oder zu sein, auf der anderen Seite die Sehnsucht nach Geborgenheit, nach emotionaler Intimität. Und das ist auch für die Mutter-Kind-Bindung wichtig."[15]

Nichtsdestotrotz erklärt fast jedes kleine Mädchen im Kindergartenalter einmal: „Ich heirate den Papa!“ Er ist eben der erste Mann, den es näher kennenlernt. Und da man üblicherweise einen Mann heiraten will, wenn man ein Mädchen ist, liegt es ja nahe, zuerst an ihn zu denken. Doch solche „Heiratsversprechen“ gibt das Fräulein Tochter bald auch seinem „besten Freund“ im Kindergarten, der eine Zeitlang vielleicht Thorsten, dann etwa Philipp und dann Mirko heißen kann. Und beim Jungen ist das kaum anders. Auch sein „Heiratsversprechen“ der Mutter gegenüber sollte nicht überbewertet werden.

In der Redaktion der Zeitschrift „unser kind“ bekamen wir einmal einen Brief von einer ratlosen Mutter, die uns erzählte, ihre Tochter habe gesagt, sie wolle ihren Vater heiraten. Daraufhin habe sie eingewandt: „Aber mit dem Vater bin ich doch schon verheiratet.“ Dann habe die Fünfjährige gesagt: „Na ja, ich heirate den Vati doch erst, wenn du tot bist!“

Sie deutete diese Erklärung so, als wünsche sich das Kind den Tod der Mutter. Damit aber hat sie der Sache ein viel zu großes Gewicht beigemessen. Wahrscheinlich spürte das Kind, daß die Mutter den Vater nicht hergeben wollte. Und weil sie sie nicht verletzen wollte, malte sie sich eine Situation aus, in der die Mutter ihre Heirat mit dem Vater gar nicht mehr stören würde. Im Grunde wollte sie die Mutter wahrscheinlich nur auf ihre Art trösten: „Ich nehme ihn dir ja gar nicht weg.“ Sicher ist es für alle Beteiligten das Beste, eine solche Aussage: Ich heirate den Papi! Oder: Ich heirate die Mutti! nicht auf die Waage vernünftiger Argumente zu legen, sondern sie einfach als kindliche Liebeserklärung an einen Elternteil zu verstehen, über den sich beide Eltern freuen könnten.

Ohne Aufklärung geht es nicht

Sexualerziehung ist weit mehr als sachliche Information über die Vorgänge der Zeugung und des Gebärens von Kindern, über pränatales Leben und Geburt, über sexuelle Bedürfnisse und ihre Befriedigung sowie über die Gefahren des sexuellen Mißbrauchs. Sexualerziehung ist vorrangig die Förderung der emotionalen Entwicklung des Kindes und seiner sozialen Integration.

Aber: Ohne Aufklärung der genannten Vorgänge geht es auch nicht. Solche Aufklärung ist immer Teil der Sexualerziehung. In den meisten Aufklärungsbüchern wird so getan, als ließen sich die kindlichen Fragen leicht in drei Kategorien ordnen: Wo war ich vor meiner Geburt? Wie bin ich in die Mutti hineingekommen? Und wie bin ich aus der Mutti herausgekommen?

Der Sexualforscher Helmut Kentler sagt zu dieser Vereinfachung: „Nach meiner Erfahrung folgen die wenigsten Kinder diesem Frageschema, und darum glaube ich den Eltern, wenn sie sagen, ihr Kind habe sie noch nie gefragt, wie es entstanden sei. Fünf- bis Sechsjährige sind keine Philosophen, die sich für das Leben vor der Geburt interessieren, und sie sind auch keine Naturwissenschaftler, die wissen wollen, wie ein Mensch entsteht".

Kinder fragen nicht abstrakt, sie sehen, hören oder erleben etwas, was sie nicht verstehen, was sie aber verstehen wollen. Darum fragen sie.

Fast jedes Einjährige ist zum Beispiel schon von kleinen Babys fasziniert. Bereits Zweijährige äußern den Wunsch, ein Baby in der Familie zu haben, ein Geschwister. Das ist bereits ein erster Anlaß dafür, dem Kind zu erklären, daß man ein Baby nicht einfach irgendwoher holen, daß man es auch nicht kaufen kann. Das Kind kann erfahren, daß, wenn man ein Baby haben möchte, man das erst sehr lange in Mutters Bauch heranwachsen lassen muß. Eine Basisinformation.

Und dann sieht man schwangere Frauen. Da kann man dem Kind erklären, daß diese Frauen in ihrem Bauch ein Baby heranwachsen lassen, daß sie darum so einen dicken Bauch haben, weil das Baby Platz braucht.

Irgendwann wird in der Familie oder in der Nachbarschaft ein Baby geboren. Das Zwei- oder Dreijährige weiß ja nun schon, daß das Baby im Mutterleib herangereift ist. Vielleicht will es nun wissen, wie es herausgekommen ist. „Weil es groß und stark geworden war, wollte es auf die Welt kommen", könnte man sagen. Wenn das Kind ein Mädchen ist, weiß es schon, wo die Scheide ist. „Durch die Scheide kommt das Baby aus dem Bauch der Mutter", könnte man dann einfach erklären. Ist das fragende Kind ein Junge und kennt diesen Körperteil einer Frau noch nicht, könnte die Mutter ihn ihrem Sohn an ihrem Körper zeigen. Ist das fragende Kind schon älter, wäre es gut, hinzuzufügen: „Diesen Weg schafft das Baby meist nicht allein. Da muß die Mutter ein bißchen helfen. Sie bewegt sich so, daß sie es so sanft wie möglich aus sich herausschiebt. Nach einer Weile zieht es die Hebamme dann ganz heraus. Das tut der Mutter meist weh. Aber wenn sie ihr Baby sieht und es in ihrem Arm spürt, dann ist der Schmerz fast immer schnell vergessen."

Am ehesten kann sich ein Kind vorstellen, daß da wirklich ein Kind im Bauch der Frau heranwächst, wenn es selbst miterleben kann, daß sein Geschwister erwartet wird. Wann sollten die Eltern ihrem Kind erzählen, daß es eine Schwester oder einen Bruder bekommen wird?

Zwei englische Psychologinnen, Judy Dunn und Carol Kendrik, haben sich mit dieser Frage unter dem Aspekt der möglichen späteren Eifersucht des dann „Großen" auf sein Geschwister beschäftigt. Nach ihren Beobachtungen ist es am günstigsten, es im fünften oder sechsten Schwangerschaftsmonat anzukündi-

gen. Dann ist schon etwas „Bauch" zu sehen, und die Bewegungen sind bereits zu spüren. Darum ist es dann einfacher für ein Kind, sich vorzustellen, daß da ein Baby heranreift. Außerdem ist die Wartezeit nicht mehr so lang, bis das erwartete Ereignis eintritt.
Kündigen Sie dann aber keinen Spielkameraden an! Sonst ist Ihr „Großes" bitter enttäuscht, wenn es dann nicht gleich mit ihm Fußball oder Verstecken spielen kann. Lassen Sie es immer fühlen, wie sich das werdende Geschwister bewegt, lauschen, wie sein kleines Herz klopft. Und kommen dann Fragen nach seiner Entwicklung, dann erzählen Sie ihm das oder zeigen Sie ihm noch besser Bilder, die eine genauere Vorstellung von der Entwicklung des Kindes im Mutterleib geben.
Die ersten zwei, drei Wochen nach der Geburt sind für die Geschwisterbeziehung entscheidend. Wenn die Mutter aus der Klinik kommt und sich natürlich besonders dem Säugling widmet, ist der Vater gefordert, sich mehr als vorher um das nun „Große" zu kümmern. Das ist besser, als wenn ein anderer Erwachsener damit beauftragt wird, die Oma etwa oder eine Tante. Denn Eifersucht kommt ja im „Großen" auf, weil es das Gefühl hat, Mutter und Vater liebten nun nur noch das Kleine. Es sei bei ihnen abgemeldet. Darum sollte sich der Vater möglichst Urlaub nehmen und besonders für das „Große" da sein. Und auch die Mutter kann etwas tun: das „Große" in die Babypflege einbinden. Vielleicht sind ihm schon ein paar Handreichungen möglich. Gut ist es auch, wenn ein Kind in dieser Situation eine Babypuppe zum Spielen bekommt.
Wenn es auch überzeugende Argumente gegen die sogenannten Funktionspuppen, etwa Lauf- und Sprechpuppen, gibt, so kann doch in dieser Lebensphase eines Kindes eine Funktionspuppe ein Trost für die Entthronung sein, eine Babypuppe, die aus der Flasche trinken und die Windeln naß machen kann. Dann kann das „Große" nun alles das mit seinem Baby tun, was die Mutter macht. Es kann zwar nicht stillen, aber

ihm das Fläschchen geben und es auch dann wieder trockenlegen. Man kann die Puppe ausfahren, wenn die Familie mit dem Neugeborenen unterwegs ist. Oder man kann ihm auch ein Tragetuch nähen, das dem ähnlich ist, das die Mutter für das Kleine hat.

Gelingt die Geschwisterbeziehung, kann das „Große" die Entwicklung des kleinen Bruders oder der kleinen Schwester beobachten und dabei sogar auch eine Ahnung davon bekommen, wie es sich selbst bis jetzt entwickelt hat. Zeigen Sie ihm Fotos aus der Zeit, in der es selbst noch ein Baby war. Kann es Ähnlichkeiten entdecken?

Irgendwann fragt das Kind, wie denn ein Baby in den Bauch der Mutter hineinkommt. Dann kennt es sich meist schon besser aus mit den unterschiedlichen Geschlechtsteilen von Mann und Frau. Ist die Frage gestellt, sollte sie auch klar und sachlich beantwortet werden, etwa:

„Dazu sind eine Frau und ein Mann nötig, die sich liebhaben. Sie tragen beide dazu bei. Die Frau hat Eizellen in ihrem Bauch. Der Mann hat den Samen, den er durch seinen Penis ausstoßen kann. Wenn sich die beiden nun besonders liebhaben, schmusen sie miteinander, umarmen sie sich. Dann schiebt der Mann seinen Penis in die Scheide der Frau. So kann der Samen dann zur Eizelle der Frau fließen. Eizelle und Samen können sich, wenn die beiden Glück haben, vermischen. Das Ei ist befruchtet. Aus ihm kann nun ganz allmählich, in insgesamt neun Monaten, ein Baby im Bauch der Mutter heranwachsen."

Wer genauer sein will, erklärt, daß im Mutterleib ein besonderes Organ sitzt, die sogenannte Gebärmutter, eine Art Gehäuse, in dem sich das befruchtete Ei einnistet.

Wichtig ist, daß diese Vorgänge nicht wie im Aufklärungsunterricht systematisch dargelegt werden. Es ist kein Lehrstoff. Nie sollte der Zeitpunkt solcher Aufklärung von den Eltern bestimmt werden. Immer bestimmt das Kind, was es wann wissen will. Fragt ein Kind fast gar nicht, so können Eltern höchstens Frageanlässe schaffen. Sie könnten eine schwangere Verwandte oder Freundin besuchen und mit ihr über die Geburt sprechen, die ja bald bevorsteht. Sie könnten das Kind auf Ähnlichkeiten bestimmter Merkmale bei ihm und bei Ihnen hinweisen, etwa: „Du hast genauso schönes blondes Haar wie ich oder wie unsere Oma". Die Frage, woher die Ähnlichkeiten rühren, liegt dann schon fast auf der Zunge.

Wenn ein Kind etwas fragt, hat es sich meist schon ein paar Gedanken gemacht. Es hat vielleicht sogar schon die Antwort für sich gefunden und möchte sie am liebsten einfach bestätigt haben. Eltern sollten immer zuerst zu ergründen versuchen, was in dem kindlichen Kopf vorgegangen ist. Dann kann die Antwort auf die Frage dieser und dem Kind eher gerecht werden. Auch ein Kind spürt, ob die Antwort nur so eingelernt ist oder ob sie sich aus diesem Gespräch ergibt und sie darum zugleich Stellung bezieht zu dem Verhältnis von Vater zur Mutter oder von den Eltern zum Kind.

Erklärungen müssen für Kinder dieser frühen Altersstufe noch möglichst mit Geschichten aus der näheren Umgebung belegt und verdeutlicht werden. Da gab es vielleicht einmal die Geburt von Zwillingen oder eine Frühgeburt kam auf die Welt. Auch plötzlich offenbar gewordene Ähnlichkeiten verwandter Menschen in ihren Merkmalen oder auch in ihren Verhaltensweisen, auch die Verwandtschaft selbst kann ein aufregendes Gesprächsthema sein. Es gibt schon Sechsjährige, die begeistert sind, wenn man ihnen einen Stammbaum aufmalt. Da nehmen sie dann wahr, daß sie selbst sich an einer ganz bestimmten Stelle einordnen können. Das verstärkt ihr Gefühl von Sicherheit und Geborgenheit.

Es ist ziemlich wichtig, sich klarzumachen, daß bestimmte Wörter in Kinderköpfen bestimmte Bilder hervorrufen. Bei dem Wort „Ei" denkt jedes Kind erst mal an ein Hühnerei. Man muß dann schon sagen, daß das menschliche Ei nicht etwa aussieht wie ein Hühnerei, sondern ganz winzig ist, wie das Loch, das eine Stecknadelspitze ins Papier drücken kann. Stechen Sie ein Loch mit einer Stecknadel ins Papier! So wird es anschaulich. Gleichgültig, mit welchen Worten Sie die Vorgänge beschreiben, Sie sollten immer auch bedenken, welche Bilder da im Kopf des Kindes entstehen. Wichtig ist das zum Beispiel auch bei „Eileiter" oder „Mutterkuchen".

Und da ist noch ein ganz wichtiger Punkt: Auch wenn Sie die Vorgänge ganz sachlich beschreiben wollen: Immer sollte dem Kind deutlich werden, daß da von Menschen die Rede ist und von ihren Gefühlen. Eine Aufklärung ohne die Beschreibung von Zärtlichkeit, Liebe und Lust ist keine Aufklärung. Daß auch andere Gefühle mit im Spiel sein können, sogar Haß oder auch Haßliebe, davon kann natürlich auch die Rede sein, wenn Sie meinen, Ihr Kind kann sich diese Gefühle schon vorstellen.

Der kindliche Wissensdurst kann stark oder schwach sein. Erklären Sie immer nur das, was das Kind wirklich jetzt wissen möchte. Aber das stets möglichst ohne Scham und ohne Drumherumreden. Hat der Sohn entdeckt, daß Vaters Penis steif und fest geworden ist und fragt er danach, dann sollte der Vater diesen Zustand auch zu erklären versuchen. Das Kind kann bei solcher Gelegenheit zugleich erfahren, warum es solche Beobachtung auch schon an seinem eigenen Körper gemacht hat. Vielleicht wußte es mit dieser Sache gar nichts anzufangen und noch weniger mit dem Gefühl, das ihn begleitete.

Das Kind könnte bemerken, daß die Mutter alle vier Wochen dieselben Beschwerden hat – vielleicht fragt es nach deren Herkunft. Dann ließen sich die Vorgänge bei der Menstruation erklären. Fragen kommen eben immer bei bestimmten Anlässen, bei besonderen Wahrnehmungen zum Beispiel. Wenn die Fragelust, also die Neugier, nicht gestoppt werden

soll – und das sollte sie nicht, denn die Neugier ist der Motor des Lernens – dann müssen diese Fragen auch beantwortet werden.
Es ist gut, wenn das Kind, bevor es zur Schule kommt, schon eine Menge Informationen hat über die Vorgänge im Sexualbereich, denn nur durch solches Vorwissen läßt sich in Grenzen verhindern, daß die Gespräche der Mitschüler, die sich zum Teil auch um diese Fragen drehen, keinen Schaden mehr anrichten können, indem sie verzerrte Bilder im Kopf entstehen lassen.
Soweit Eltern aufklären, können sie die ihnen bekannten Erfahrungen des Kindes mitbenutzen für die nötigen Erklärungen. Damit haben sie sehr viel mehr Chancen, verstanden zu werden, als die Lehrer im Sexualunterricht, die immer abstrakt bleiben müssen. Als erste Information ist das denkbar ungeeignet. Der schulische Sexualunterricht hat aber – wenn er auf erfahrungsgestütztes Vorwissen trifft – dann den Vorteil, daß er dieses Vorwissen systematisieren und das Verstehen damit vertiefen kann.
Kommt ein Kind ohne solches Vorwissen zur Schule, bekommt es oft einen falschen Eindruck vor allem von der Zeugung. In dem Buch „Als Papa noch ein Affe war“ (Claudius Verlag, München) wird als „Kinderwitz“ erzählt, was eigentlich eine traurige Geschichte ist: „Last statt Lust“.
Kurz nach der Geburt unseres dritten Kindes brachte unsere Tochter Simone (6) aus der Schulbücherei ein gut geschriebenes Aufklärungsbuch für Kinder mit nach Hause. Am meisten (und wie sich später herausstellte nicht gerade positiv) beeindruckt war sie von der körperlichen Vereinigung.
Während des Abendessens schnitt sie dann das Thema noch einmal an und fragte meinen Mann und mich, ob wir das denn auch hätten tun müssen, um sie und ihre zwei Geschwister zu bekommen. Nachdem wir das bestätigten, kam die entsetzte Äußerung: „Iii, und das dreimal!“

Es wird nicht einfach gewesen sein, diesen negativen Eindruck noch zu beseitigen. Für Kinder ab vier Jahre, die nicht von selbst danach fragen, woher die Babys kommen, und für Eltern, die nicht so recht wissen, wo sie mit ihrer Antwort anfangen könnten, empfehle ich als Einstieg die Geschichte „Traumpferdreiten" von Ursula Ulrich und mit einer Musik von Günther Fischer auf einer Jumbo-Kassette, auf der auch noch ein Untertitel zu lesen ist: *Wo kommen bloß die Babys her?* (Deutsche Schallplatten GmbH, Berlin; 16,80 DM, im Vertrieb BMG, Ariola, München).

Das ist die Geschichte von Juliane, die noch an den Klapperstorch glaubte, als sie in den Kindergarten kam. Als die anderen Kinder das merkten, lachten sie Juliane ganz schrecklich aus. In ihrer Not fragte sie die Erzieherin, woher die kleinen Kinder denn kämen, wenn nicht vom Storch. Aber die verwies sie nur an die Mutter. Als sie die Mutter fragte, hatte die gerade keine Zeit. Und so ging Juliane auch an jenem Tag schlafen, ohne die ihr so wichtige Frage beantwortet bekommen zu haben.

Sie fand einen Ausweg: Sie träumte von einem wunderbaren Land, in dem alle Tiere ihre Sprache verstehen konnten. Und so fragte sie sich bei ihnen durch. Sie erfuhr, wie Storchenkinder auf die Welt kommen und wie die Hühnerküken. Sie erfuhr, wie ein Fohlen geboren wird und eine Katze. Die kinderlose Elefantenkuh erklärte ihr, warum sie ohne Elefantenbullen kein Kind gebären könnte. Und sie betrachtete lange die stillende Äffin mit ihrem Kind. Und da war ihr plötzlich alles klar. Sie wollte schnell nach Hause. Ein Luftballon trug sie weit in die Höhe, bis über die Wolken. Doch leider zerplatzte er plötzlich, und Juliane fiel lange hinab auf die Erde. Doch sie schlug nicht hart auf, denn sie landete in den Armen der Mutter, die herbeigeeilt war, als das Kind im Fall ängstlich nach ihr gerufen hatte. „Hattest du einen schlimmen Traum?" fragte die Mutter. „Nein, einen wunderschönen", lächelte Ju-

liane. „Und ich weiß nun auch wie Kinder zur Welt kommen". „Ja?" versicherte sich die Mutter, „erzähle!". „Na ja", grinste Juliane, „wenn wir beide einmal ganz viel Zeit haben."
Nach so einem schönen Einstieg, wird es leichtfallen, Julianes Erkundungen nun noch in Beziehung zum Menschen zu bringen.

Sexualerziehung im Kindergarten

„Während der Freispielzeit konnte ich beobachten, daß Dorian (3 Jahre/6 Monate) gern Doktor spielen wollte. Mit dem Arztkoffer in der Hand ging er von Kind zu Kind und fragte, ob es mit ihm spielen wolle", erzählte eine Erzieherin. Und weiter: „Alle Kinder lehnten ab, nur Magdalena (3 Jahre/2 Monate) stimmte freundlich zu. Die beiden Kinder begaben sich in die Puppenecke, versorgten und pflegten liebevoll ihre Puppen- und Bärenkinder mit Tee und ‚Tabletten'. Ich hörte den Jungen sagen: ‚Magdalena, jetzt bist du krank, unsere Kinder haben dich angesteckt. Du mußt aber in ein anderes Zimmer. Komm, wir gehen in den Nebenraum.' Nach einer gewissen Zeit fühlte ich mich verpflichtet, nach den beiden zu sehen. Als ich in das Zimmer eintrat, lag das Mädchen nackt auf der Couch, der Junge saß auf ihrem Rücken, mit erigiertem Penis, und hielt das Spielfieberthermometer in des Mädchens Po. Die Kinder bemerkten mich nicht sofort. Ich selbst muß gestehen, daß ich zunächst recht hilflos in der Tür stehen blieb. Ich spürte, wie es mir in dieser Situation nicht nur an pädagogischem Einfühlungsreichtum mangelte, sondern auch an einer gehörigen Portion Unbefangenheit. Als Dorian mich erblickte, sprang er sofort hoch, hielt sich die Hände vor das Gesicht und versteckte sich hinter der Couch. Magdalena hingegen blieb seelenruhig liegen. Sie lächelte mich an und sagte zu mir: ‚Weißt, ich bin sehr krank. Da muß mir mein Mann Fieber messen.' Und sogleich schrie sie nach ihrem Mann, daß er nun endlich kommen möge, um Fieber zu messen. Dorian traute sich jedoch nicht aus seinem Versteck heraus."
Eine andere Erzieherin erzählt diese Geschichte: „Drei Jungen, zwei türkische Jungen und ein deutscher Junge, im Alter von 4 Jahren/6 Monaten, 4 Jahren/10 Monaten und 5

Jahren/2 Monaten forderten mich zum Vater-Mutter-Kind-Spiel auf. Kaum war ich mit den Kindern in der Puppenecke, nahm sofort ein türkischer Junge eine Puppe, drückte diese in rhythmischen Bewegungen dem anderen türkischen Jungen zwischen die Pobacken und sagte dabei: ‚Ficke-ficke machen ist schön!' Während ich über diese Situation mehr als überrascht war, zeigten sich die Kinder darüber sichtlich erfreut."

Von diesen beiden Begebenheiten wurde Manfred Berger berichtet, als er für sein Buch „Sexualerziehung im Kindergarten"[16] recherchierte. Er hatte hundert Erzieherinnen und Eltern im süddeutschen Raum zur Notwendigkeit einer Sexualerziehung im Kindergarten befragt. Seine erste Frage lautete: „Werden von den Erzieherinnen kindliche Sexualäußerungen beobachtet? z.B. Doktorspiele, Onanie, sich nackt ausziehen u.a.m." Es wurde dazu eine genauere Beschreibung erbeten.

Dabei ergab sich: Fast ein Drittel der Erzieherinnen, die geantwortet hatten, gaben an, keinerlei sexuelle Äußerungen beobachtet zu haben. Als Begründung nannten 27 Prozent, der Kindergarten würde durch die große Kinderzahl und vor allem durch die gut überschaubare Raumaufteilung sexuelle Äußerungen nicht zulassen, zumindest erschweren.

Gut 23 Prozent meinten außerdem, die Kinder wüßten um die ablehnende Einstellung der Erzieherinnen und Eltern insbesondere zu sexuellen Spielereien. Eine Erzieherin wörtlich: „Die Kinder wissen um meine Ablehnung gegenüber solchen Handlungen, wie Doktorspiele oder sich nackt ausziehen. Sie wissen auch, daß ihre Eltern so etwas nicht im Kindergarten dulden würden. Ergo: Die Kinder wagen es gar nicht, solche Spielereien auszuprobieren."[17]

Dieser Sachverhalt ist sicher der Grund dafür, daß nur ein knappes Drittel der Erzieher/innen Onanieren oder Doktorspiele bemerkt hat und nur ein Viertel von ihnen davon berichtet, daß sich die Kinder gelegentlich in der Puppenecke, in der Toilette oder beim Turnen nackt ausziehen. Gut ein Viertel der Antwortenden wußte noch vom Gebrauch abwertender, „verrohter" Begriffe zu berichten, die davon zeugen, daß für Kinder bestimmte Körperzonen, vor allem Busen, After und Genitalien, mit Schmutzvorstellungen besetzt sind. Dabei wurden meist Sprüche oder Reime zitiert, etwa

„Ilse Bilse,
keiner will' se,
kam der Koch,
nahm sie doch
und schob ihr was ins Loch."

Solche Zitate, berichteten die Erzieherinnen, lösten bei den Kindern meist großes Vergnügen aus.

Manfred Berger wollte von den Erzieherinnen weiter wissen: „Da anzunehmen ist, daß Kinder nach sexuellen Vorgängen ebenso unbekümmert wie nach anderen sie interessierenden Dingen ihrer Umwelt fragen, soll erkundet werden, inwieweit die Kinder mit Fragen betreffend der Sexualität an die Erzieherinnen herantreten." Gut 86 Prozent gaben an, daß Kinder solche Fragen stellen, nach Zeugung und Geburt, nach „dem kleinen Unterschied", nach der besonderen Beschaffenheit der Geschlechtsteile der Erwachsenen und sogar nach der Empfängnisverhütung.

Es ist also gar nicht die Frage, ob Sexualerziehung im Kindergarten stattfinden sollte oder nicht. In den Kinderspielen spiegeln sich, wenn das nicht ausdrücklich verboten ist, die sexuellen Regungen der Drei- bis Sechsjährigen auch im Kindergarten. Die Jungen und Mädchen befragen die Erzieherinnen nach Vorgängen und Erscheinungen im sexuellen Bereich. Und sie reden über die Themen miteinander und

lassen die Erzieherinnen das oft bewußt mithören. Gleichgültig, wie die Erzieher/innen darauf reagieren, ihre Reaktionen sind immer Teil einer Sexualerziehung, selbst ihre Nichtreaktion ist Teil von Sexualerziehung.
Werden zum Beispiel Onanieren, Doktorspiele und Sich-nackt-Ausziehen ausdrücklich verboten, so wird damit die Meinung begründet oder gefestigt: Sexualität ist etwas Verbotenes, Böses, Strafbares. Das hemmt nicht nur die kindliche Entwicklung, sondern belastet wahrscheinlich das ganze Sexualleben dieser Kinder.
Förderlich hingegen verhält sich eine Erzieherin, die das kindliche Tun in diesem Bereich ausdrücklich bestätigt. Wenn sich Dorian und Magdalena zum Beispiel in einen Nebenraum zurückgezogen haben, so scheint dagegen nichts einzuwenden zu sein. Dorian hatte ein sicheres Gefühl dafür, daß diese Intimität zwischen ihm und dem Mädchen nicht vor aller Augen erlebt werden kann und schaffte sich und ihm eine Intimsphäre. Aus der Erzählung könnte allerdings auch entnommen werden, daß Dorian Magdalena zu diesem Spiel im wahrsten Sinne des Wortes verführt hat, ohne daß sie begriffen hätte, daß dieses Spiel im Grunde nicht mehr vom Fiebermessen handelte. Das Fiebermessen war wieder einmal so etwas wie die berühmte Tasse Kaffee. Die Beziehung zwischen den beiden Kindern könnte also asymmetrisch sein. Im Grunde, so scheint es, hat Dorian die Naivität Magdalenas ausgenutzt. Eine förderliche Sexualerziehung könnte an diesen Eindruck anknüpfen. Zuallererst aber müßte die Erzieherin die Kinder in ihrem Experiment bestätigen. Sie könnte ihnen mitteilen, daß sie sich gut vorstellen könnte, wie schön sie dieses Spiel gefunden hätten. Sie könnte sich sogar für ihre Störung – den Einbruch in die Intimsphäre – entschuldigen. Diese Reaktion hätte Dorian, der ja offenbar ein anderes Verhalten erwartete, vielleicht aus seinem Versteck locken können. Aber dann könnte die Erziehe-

rin Magdalena ausdrücklich fragen, ob ihr das Spiel denn auch besonders gefallen hätte. Würde dabei deutlich, daß sie gar nicht so recht wußte, was das alles sollte, könnte die Erzieherin Dorian bitten, sich künftig für solche Kinder zu entscheiden, die – wie er – Freude an solchen Spielen haben. Wenn er mit einem Mädchen spielen will, ist das nicht immer ganz einfach.

Fast 60 Prozent der antwortenden Erzieherinnen, die sexuelle Äußerungen bemerkt hatten, erklärten nämlich, daß Jungen meist aktiver bei solchen Spielen sind. Sie haben auch fast immer die Idee dazu. Sie verführten die Mädchen oft dazu, die von sich aus in diesem Bereich eher zurückhaltend sind. Nur etwa 40 Prozent konnten keine geschlechtsspezifischen Unterschiede feststellen. Ein solches Rollenverhalten könnte durch die Erzieherinnen möglicherweise leicht korrigiert werden in der Richtung einer emanzipatorischen Erziehung.

Sexualerziehung im Kindergarten kann allerdings mehr sein als bewußte, im besten Falle förderliche Reaktion auf das Verhalten und die Fragen der Kinder. Vor allem diejenigen, die zu Hause in diesem Bereich keine Förderung oder Unterstützung erfahren, sind ja mutmaßlich auch im Kindergarten zurückhaltend und brauchen vielleicht in dieser Beziehung besondere Angebote, die sie aus der Reserve locken. Zumindest sollten unter den Kinderbüchern auch einige empfehlenswerte Titel aus diesem Bereich sein, etwa:

Bilderbücher

Aliki:
Gefühle sind wie Farben, Beltz & Gelberg, Weinheim

Becker, A./Niggemeyer, E.:
Ich bekomme einen Bruder, Otto Maier, Ravensburg

Fagerström, G./Hansson, G.:
Peter, Ida und Minimum, Otto Maier, Ravensburg

Heine, Helme/Sommer-Bodenberg, Angela:
Ich lieb dich trotzdem immer, Middelhauve, Köln

Louhi, Kristina:
Ein Brüderchen für Lana, Gerstenberg, Hildesheim

Lindgren, Astrid:
Ich will auch Geschwister haben, Oetinger, Hamburg

Zum Vorlesen:

Mai, Manfred:
Warum-Geschichten vom Schmusen und Liebhaben, Loewes, Bindlach

Außerdem sollten äußere Umstände geschaffen werden, die es leichter möglich machen, daß die Kinder miteinander kuscheln können. Eine Kuschelecke mit Kissen und Decken ist geradezu ein Muß. Gut ist es auch, ein paar Stellwände zu haben, aus denen man ein Arztsprechzimmer zaubern kann, in dem sich eine intimere Atmosphäre einstellt. Die Erzieher/innen sollten dann bei Doktorspielen stets darauf achten, daß die Ärztin oder der Doktor immer nur einen Patienten oder eine Patientin zur Zeit untersucht und keine Zuschauer duldet. Kinder sollten erfahren können, daß Sex in die Intimsphäre gehört und nicht in die Öffentlichkeit.
Die Kinder sollten auch wissen, daß es durchaus erlaubt, vielleicht sogar wünschenswert ist, mit anderen Zärtlichkeiten auszutauschen.
Damit die Erzieher/innen keinen Ärger aus dem Kreis der Eltern zu befürchten haben, sollten sie die kindliche Sexualität immer wieder einmal zum Thema des Elternabends machen. Dabei sollte es möglich sein, die Aufgeschlossenheit der Erzieher/innen zu diskutieren. Das bringt zudem die Chance, daß sich auch in diesem Bereich die Erziehungsweisen entweder nicht widersprechen oder beide Seiten auf die Widersprüche im Verhalten von Eltern und Erzieher/innen bewußt hinweisen und diese Widersprüchlichkeit auch erklären können.
Es ist nun aber nicht so, daß alle Erzieherinnen so aufgeschlossen wären, wie sich viele Eltern das wünschten. Auch dafür ist Manfred Bergers Untersuchung ein Beleg. Fünfzehn der zurückgeschickten 75 Fragebogen waren lückenhaft ausgefüllt und waren darum nicht für die Auswertung zu verwenden. Zu diesen sagt Berger:
„Bestürzt hat mich, daß ein großer Teil der nicht brauchbaren Fragebogen regelrechte Beschimpfungen enthielten. So schrieb zum Beispiel eine Erzieherin: ‚Bestimmte Fragen beantworte ich nicht. Bei uns kommen solche Schweinereien nicht vor.‘[18] Eine andere Erzieherin vermerkte: ‚Ihre Fragen

zeigen für mich: Sie sind pervers.'[18] Eine Erzieherin meinte sogar: ,Ich bin grundsätzlich gegen eine Sexualerziehung im Kindergarten. Meine Ansicht ist, daß Sexualerziehung Sache der Familie ist. Gegenwärtig tritt aber noch ein anderes Problem hinzu: die Angst vor Aids. Darum sind beispielsweise die sog. Doktorspiele im Kindergarten zu unterbinden. Die Gefahr einer Ansteckung ist bei solchen Spielen durchaus gegeben. Es könnte ja sein, daß ein mit Aids infiziertes Kind unter den Doktor spielenden Kindern ist. Der Kindergarten darf nicht zu einer Ansteckungsstätte werden. Schon allein wegen dieser Gefahr bin ich entschieden gegen sexuelle Aktivitäten im Kindergarten. Das sind wir auch den Eltern schuldig.'... Und eine andere Erzieherin begründete mit folgenden Worten ihre Ablehnung meiner Untersuchung: ,Ihre Fragebogenaktion ist unsinnig. Haben Sie schon von Aids gehört? Anscheinend nicht, denn sonst würden Sie eine solche Fragebogenerhebung nicht durchführen. Sexuelle Spiele, wie z.B. Doktorspiele, können Aids übertragen.'"[18]
Für jeden, der sich mit den Ansteckungsmöglichkeiten bei Aids auseinandergesetzt hat, ist eine solche Auffassung unverständlich. Das um so mehr, als 91 Prozent der Erzieherinnen, die ihre Fragebogen zurückgeschickt haben, jünger als 30 Jahre alt waren. Die restlichen 8,3 Prozent waren 33 bis 35 Jahre alt. Es handelte sich also bei denen, die diese Meinungen zur Aidsgefahr äußerten, um relativ junge Erzieherinnen. Doch die Ansteckungsgefahr ist ja sicher in den meisten Fällen nur ein Vorwand, um das ungeliebte Thema vom Tisch zu wischen. Solchen Erzieherinnen sollten die Eltern vorschlagen, zum nächsten Elternabend einmal einen Aids-Experten einzuladen, damit über diese Argumente offen diskutiert werden kann.

Sexualerziehung gegen sexuellen Mißbrauch

Wer sein Kind vor sexueller Gewalt schützen möchte, muß zunächst einmal versuchen, die Gefahren realistisch einzuschätzen: Wie groß ist die Gefahr wirklich? Was droht den Opfern? Und wer sind die Täter?

Über sexuellen Mißbrauch wird in der Öffentlichkeit vor allem immer dann gesprochen, wenn auf den Mißbrauch am hilflosen Kind dann auch noch – ausschließlich zum Schutze des Täters – ein Mord folgt. Das prägt sich tief ein in unser Gedächtnis, und darum denken wir vor allem an solche Verbrechen, wenn von sexueller Gewalt gegen Kinder die Rede ist. Das ist aber falsch. Sexualmorde sind zwar etwas Furchtbares, aber doch auch gottlob Seltenes. Zwei bis drei Kinder verlieren etwa pro Jahr ihr Leben auf diese schreckliche Weise. Im Verkehr sterben im gleichen Zeitraum ungefähr 500 Jungen und Mädchen, und mehr als achtzig werden – meist von ihren eigenen Eltern – totgeschlagen.

Damit soll die Gefahr der sexuellen Gewalt an Kindern jedoch nicht heruntergespielt werden. Jedes Kind, das Opfer eines Sexualmordes ist, ist ein Kind zuviel. Doch: An der Zahl der Sexualmorde läßt sich der Umfang der sexuellen Gewalt an Kindern nicht ablesen. Nach Schätzungen ergibt sich nämlich etwas Unfaßbares: Jedes vierte Mädchen soll betroffen sein, und drei bis sechzehn Prozent der Jungen!

Sexualmorde werden fast immer von Personen verübt, die den Kindern fremd waren. Und weil von dieser Art sexueller Gewalt oft gesprochen wird, hat mancher den Eindruck, er müsse seine Kinder vor allem vor verführerischen Männern warnen. Doch das ist ein Trugschluß: Bei den Mädchen sind in 75 Prozent der Fälle die eigenen Väter die Täter. Die übrigen sind im allgemeinen andere Verwandte oder Freunde der Familie – jedenfalls fast immer Personen, die das Kind kennt. Nur in

einem Prozent der sexuellen Gewalttaten gegenüber Mädchen sind die Täter Männer, die das Kind vorher nicht kannte!
Und bei den Jungen ist es erstaunlich ähnlich. Auch hier sind die Täter in der Regel Männer. Bei Jungen sind es aber selten Väter, sondern meist andere Vertrauenspersonen, etwa Trainer, Lehrer, Pfarrer... Der Anteil der Frauen an der Zahl der Gewalttäter beträgt knapp zwei Prozent.
Die Täter sind sich im allgemeinen durchaus bewußt, daß sie Unrecht tun. Denn sie erfinden oft wilde Geschichten, damit die mißbrauchten Kinder schweigen. Daß sie das tun, beweist, daß sie genau wissen, daß die Kinder unter der sexuellen Gewalt leiden. Normalerweise würden sie ihr Leid einer Vertrauensperson anvertrauen. Oft wird den Kindern dadurch Angst gemacht, daß man ihnen sagt: Dann kommt der Vater ins Gefängnis und du ins Heim. Oft gelingt es den Männern sogar, ihren Frauen damit genug Angst einzuflößen, so daß sie sich nicht getrauen, etwas gegen den meist fortwährenden Mißbrauch zu unternehmen. In Wirklichkeit stimmt die Formel heute schon längst nicht mehr. Gerade wenn die Frau sich für das Kind zur Wehr setzt, man also weiß, daß sich jemand in der Familie auf die Seite des Kindes stellt, wird man stets versuchen zu verhindern, daß die Familie auseinandergerissen wird. Oft wird den Eltern eine Therapie zur Auflage gemacht und auch dafür gesorgt, daß das Kind die Mißhandlung mit Hilfe eines Psychologen verarbeiten kann. Wo immer das möglich ist, wird man die Familie erhalten.
Mütter, die das wissen, sind nicht mehr so anfällig für das Dulden des Mißbrauchs am Kind. Niemals das Kind für den Schuldigen zu halten, sondern sich stets auf seine Seite zu stellen, das ist schon eine wichtige Gegenwehr.
Ein wichtiger Schutzwall gegen sexuellen Mißbrauch des Kindes aber ist auch die Aufklärung. Wenn ein Kind schon viel weiß über seine eigene Sexualität und über die des ande-

ren Geschlechts, kann es niemand mehr mit dem Versprechen locken, ihm große und großartige Geheimnisse zu offenbaren. Mit solchen Versprechen zum Beispiel locken ja vor allem andere Verwandte als Väter, Freunde der Familie oder auch fremde Täter ein Kind ins Auto oder in eine dem Kind fremde Wohnung.

Weiß ein Kind wenig über die sexuellen Erscheinungen und Vorgänge und will es gern mehr darüber wissen, so ist es vor allem dann anfällig, einem Mann aufgrund solcher Versprechen in sein Auto oder in seine Wohnung zu folgen, wenn es sich zu Hause nicht getraut, Fragen aus diesem Bereich zu stellen. Es kommt also darauf an, das Kind seinem Entwicklungsstand gemäß aufzuklären und ihm stets das Bewußtsein zu geben, daß es zu Hause alles fragen darf, und Gewißheit, daß die Eltern ihm seine Fragen auch beantworten.

Außerdem erscheint es mir wichtig, jedem Kind klarzumachen, daß sein Körper nur ihm gehört. Es sollte schon von klein auf wissen, daß es zum Beispiel nicht schmusen *muß*, weil Vater, Mutter, Oma, Opa oder einer Tante gerade nach schmusen ist. Es soll nur schmusen, mit wem es möchte und wann es möchte. Wenn es nämlich schon von zu Hause kennt, daß es mit jedem Erwachsenen schmusen soll, wann es dem einfällt, dann ist es bis zum geduldigen Dulden eines sexuellen Mißbrauchs, psychologisch betrachtet, gar kein so großer Schritt mehr.

Hilfe für sexuell mißbrauchte Kinder

Ich hatte mir von der Frankfurter Buchmesse ein neues Buch zum Thema mitgebracht: „Sexuelle Gewalt – Kinderzeichnungen als Signal.“ Darin erzählt Rosemarie Steinhage von sechs Mädchen und drei Jungen im Kindergarten, bei denen der Verdacht des sexuellen Mißbrauchs durch männliche Familienangehörige und Freunde der Eltern bestand. Sie berichtet, wie diese Kinder über einen längeren Zeitraum beobachtet wurden, um den Verdacht entweder zu entkräften oder zu erhärten. Bei diesen Kindern bestätigte sich der Verdacht. Die Verdachtsmomente mehrten sich vor allem, weil die Bilder, die diese Kinder malten, eine beredte Sprache sprachen. Und anhand ihrer Bilder sagten auch die Kinder selbst sehr viel mehr als sie sonst erzählt hätten.

Da sitzt zum Beispiel Melanie vor einem ihrer Bilder. An ihm entspinnt sich nun folgendes unzweideutige Gespräch:
Melanie: „Das ist ein Dinosaurier. Der gehört dem Rainer“ (Rainer ist Melanies Babysitter).
Erzieherin: „Der Rainer hat einen Dinosaurier?“
Melanie: „Der Rainer, der hat keinen Pimmel. Der hat einen Dinosaurier. Der kann lachen und weinen. Aber nur, wenn Mama und Papa weggegangen sind.“[19]
Ich war zutiefst erschrocken, als ich das Buch – fast in einem Zug! – von vorn bis hinten gelesen hatte, aber auch fasziniert. Denn die neun Geschichten zeigten, wie man aus Kinderbildern die Not und Angst der mißbrauchten Kinder ablesen konnte. Mit Bildern konnten sie sagen, was ihnen sonst unter schweren Drohungen zu sagen verboten worden war. Ein Babysitter redete einem Mädchen ein, es müsse sterben, wenn es darüber redete. Eine Mutter, die vom Mißbrauch ihres Kin-

des wußte, aber nicht wollte, daß der Mann dafür bestraft wird, drohte: „Dann kommen fremde Leute und holen dich ab!“ Von fremden Leuten abgeholt werden, wollte das Kind natürlich nicht. Darum schwieg es. Aber ihre Malereien und die Gespräche darüber mit der Erzieherin brachten die Sache dann doch an den Tag. Die Erzieherin hatte, als sie keine Zweifel an der Mißhandlung mehr hatte, das Jugendamt alarmiert. Trotzdem wurde das Kind nicht „abgeholt“. Den Eltern wurde eine Therapie verordnet und dem Kind auch. So blieb die Familie zusammen.
Ich war erschüttert von den Schicksalen der Kinder, über die in diesem Buch berichtet wurde, aber auch berührt vom Mut einzelner Menschen, die, überzeugt von der Ausdruckskraft der Kinderbilder, diesen Kindern entschlossen geholfen haben.
Ich erzählte einer befreundeten Erzieherin von meinem Leseerlebnis. Sie lieh sich das Buch von mir. Als sie es mir wiedergab, war sie auffallend bedrückt. Als ich sie nach dem Grund fragte, gestand sie mir: „In meiner Gruppe ist ein Junge, der schon häufig Bilder gemalt hat, die einigen von dem Jonas, von dem in diesem Buch erzählt wird, sehr ähnlich sind. Auch er malt Köpfe, die statt auf dem Körper, auf einem Penis sitzen. Als ich zum erstenmal so ein Bild von ihm sah, war ich erschrocken. Aber ich dachte, er malt so etwas, weil er mit seiner eigenen Sexualität Schwierigkeiten hat. Ich bin aber auch zu blöd. Es war mir irgendwie peinlich, ihn auf das Bild anzusprechen. Und so habe ich dieses und auch weitere, die ähnlich waren, einfach ‚übersehen‘. Auf die Idee, daß er vielleicht mißbraucht werden könnte, da kam ich gar nicht drauf. Aber ich kenne auch seine Eltern. Und ich kann mir das nicht vorstellen ... Aber ich will sofort anfangen, mich intensiv um den Jungen und um seine Bilder zu kümmern, mit ihm über seine Bilder reden. Ich bin richtig froh, daß ich jetzt besser Bescheid weiß.“

Eingedenk der vielen Kinder, die jahrelang mißbraucht wurden und werden, sollte dieses Buch von Rosemarie Steinhage eigentlich zur Pflichtlektüre aller Erzieher/innen und auch aller Eltern werden.

Scham und Anspruch auf Intimsphäre

„Schäm dich!" Wie oft kriegt manches Kind das an den Kopf geworfen. Es soll sich schämen, weil es die Hose naß gemacht hat, es soll sich schämen, weil es immer gleich weint, es soll sich schämen, weil es nicht höflich „Guten Tag!" gesagt hat .. Und die „braven" Kinder schämen sich dann auch, werden rot bis hinter die Ohren und schlagen die Augen nieder.

Scham ist ein soziales Gefühl. Andere wurden Zeugen unserer Schwäche. Der Soziologe und Historiker Norbert Elias schreibt: „Es ist, oberflächlich betrachtet, eine Angst vor der sozialen Degradierung, oder, allgemeiner gesagt, vor den Überlegenheitsgesten anderer." Und an anderer Stelle: „Er fürchtet den Verlust der Liebe oder Achtung von anderen, an deren Liebe und Achtung ihm liegt oder gelegen war."[20]

So gesehen wird deutlich, daß niemand mehr als ein Kind anfällig ist für das Schamgefühl. Denn es ist mehr als irgendein Erwachsener von Liebe und Achtung der anderen, vor allem der Eltern, abhängig. Der Psychologe Wilhelm Rost formuliert diesen Tatbestand so: „Die Entwicklungsdynamik der Scham, die nach Häufigkeit und Intensität von Schamreaktionen mit zunehmendem Alter abnimmt, verläuft parallel zur sozialen Integration in die Gesellschaft."[21] Mit zunehmendem Alter nimmt eben die Abhängigkeit von der Liebe und Achtung anderer ab. Und dazu kommt, daß der Mensch die Regeln für das Zusammenleben in einer Gesellschaft auch immer besser kennenlernt, so daß er immer seltener unbeabsichtigt diese Regeln verletzt.

Was kann Anlaß für Scham sein? Wilhelm Rost: „Schamauslösende Reize stammen aus drei emotionalen Bereichen: aus Sexualität, Aggressivität und sozialem Bindungsgefühl." Der tiefere Grund: „Die Schamreaktion ist eine prophylaktische

Maßnahme, die über unterwürfiges, niedliches, scheues, mitleiderregendes, putziges, reumütiges Verhalten der befürchteten sozialen Ablehnung entgegenwirken will"[22], interpretiert Wilhelm Rost die Scham. Damit hat die Scham eine beachtenswerte positive Seite: Sie versöhnt mit dem, der sich durch unser Verhalten verletzt gefühlt hat, erhält also soziale Bindungen.

In allen Kulturen ist vor allem das Sexualverhalten durch viele Verbote gemaßregelt. Darum entstammen wohl auch Schamgefühle besonders häufig diesem Bereich. Das hat sicher auch entwicklungsgeschichtliche Gründe. Der Verhaltensforscher Eibl-Eibesfeldt erklärt das so:

„Während des Sexualaktes ist der Mensch so an seinen Partner hingegeben, daß er die Umwelt nicht mehr klar wahrnimmt und daher verwundbar ist. Vermutlich ist das auch einer der Gründe, warum er sich beim Sexualakt verbirgt."[23]

Es ist nur logisch, daß mit der heute größeren sexuellen Freiheit im sexuellen Bereich auch weniger Scham üblich ist. Kompetente Sexualforscher fordern darum manchmal sogar eine Erziehung zur Schamlosigkeit. So fordert etwa Helmut Kentler „statt Schamerziehung ‚dialogische Erziehung'". Darin stecken aber, glaube ich, zwei Denkfehler. Der erste: Scham ist ein elementares Gefühl, das instinktive Elemente hat und darum zum Teil angeboren und nicht allein anerzogen ist. Der zweite: Durch die Vergrößerung des sexuellen Freiraums sind die Schamgrenzen zwar weit verschoben, aber nicht aufgehoben. Sonst hätten ja viele Menschen der Aufforderung der Popsanger folgen müssen, die da frei heraussangen: „Let's do it on the road!". Massensex auf dem Marktplatz hat es aber nicht gegeben. So schamlos oder unverschämt sind wir denn ja wohl doch nicht. Ganz ohne Scham, denke ich, ist zivilisiertes Zusammenleben wohl nicht möglich. Und wer wollte das auch?

Bei den bisherigen Betrachtungen wurden die Schamgrenzen des einzelnen sozusagen von „draußen“ gesehen. Vom einzelnen aus betrachtet, stecken die Schamgrenzen ja zugleich die Intimsphäre ab. Und wo es keine Schamgrenzen gibt, gibt es auch keine Intimsphäre. Auf die aber will kein Mensch, auch kein Kind, verzichten. In meinem Freundeskreis ereignete sich folgendes:
Julia und Christian sind alles andere als prüde. Es ist selbstverständlich für sie, nach dem Duschen oder wenn es warm ist, unbekleidet durch die Wohnung zu laufen und sich dabei natürlich auch nackt vor den Kindern zu zeigen. Wenn sie gemeinsam duschen, ist das Badezimmer nicht abgeschlossen, und platzen die beiden Kinder herein, wollen sie gleich mitduschen. Das wird den Eltern dann zwar zu eng, aber um sie nicht aus dem Badespaß auszuschließen, lassen sie Wasser in die Wanne und die Kinder einsteigen.
Die Kinder sind Stefanie und Martin, beide fünf Jahre alt und Zwillinge. Einmal hat Martin beim Vater den versteiften Penis entdeckt. Es war für ihn selbstverständlich, ihn zu fragen, was denn mit seinem Penis los sei. Der Vater versuchte es zu erklären. Zuerst reagierte der Junge nur mit „ach so“. Einige Tage später aber kam er darauf zurück. „Du, Papi, ich muß dir mal was sagen. Mein Penis, weißt du, der war auch manchmal schon ganz fest und steif!“ „Ja, das kann ich mir vorstellen. Und was hast du dann gemacht?“ reagierte der Vater ganz sachlich, und Martin erzählte sicher wahrheitsgemäß: „Ich wußte ja nicht, was das ist. Und da habe ich, weil es juckte, so gemacht (und dabei zeigte er, wie er sein Glied kräftig gerieben hat). Und das war ganz toll. Und dann war alles weg.“
„Hat dir das Spaß gemacht?“ fragte der Vater, was fast eine rhetorische Frage war, denn die Antwort war dem Martin ja ins strahlende Gesicht geschrieben. „Ja, toll“, sagte er nur noch. Der Vater nahm ihn in seinen Arm und bestätigte ihm.

„Ja, das ist auch sehr schön." Und dann fügte er noch hinzu: „Ich freue mich sehr, Martin, daß du mir das erzählt hast, denn darüber spricht man ja nur mit seinen besten Freunden!"

„Dann muß ich das noch dem Tobi erzählen, der ist ja mein bester Freund – oder mein zweitbester, denn zuerst habe ich es ja dir erzählt!" Und dabei drückte er den Vater noch mal ganz fest.

Christian hat sich in diesem Fall ganz und gar vorbildlich verhalten. Er hat dem Jungen zugehört, hat das, was er erzählt hat, ernst genommen. Er hat Martins Selbstbefriedigung bestätigt und hat dem Jungen zugleich aufgezeigt, daß sie in den Bereich der Intimsphäre gehört, über die man nur mit Freunden spricht. Wenn Kinder von eigenen oder phantasierten fremden sexuellen Erlebnissen auf der Straße reden, ist das auch im heutigen Bewußtsein beschämend und zudem auch noch eine Gefährdung, denn solche Kinder könnten noch leichter als andere Opfer von Sexualtätern werden.

Doch jeder wird hin und wieder auch mit einer Schamhaftigkeit konfrontiert, die ihm ganz und gar unverständlich erscheint. Die Eltern von Rainer zum Beispiel haben das erfahren:

Rainer war noch nicht sechs Jahre alt, als er plötzlich, wenn er duschte, die Badezimmertür abschloß. Das war in dieser Familie absolut unüblich. Das Elternschlafzimmer war ebensowenig verschlossen wie das Bad. Das Kind hatte immer und überall Zutritt. Und auch der Junge hielt sich daran, wie die Eltern nackt durch die Wohnung zu laufen. Und nun das. Was sollte das? Die Mutter, die das bemerkt hatte, nahm sich vor, den Jungen gleich danach zu fragen. Darüber muß man doch reden! Davon war sie fest überzeugt. Doch als Rainer geduscht hatte, kam er nicht gleich, wie sonst, aus dem Bad. Es dauerte eine ganze Weile, ehe sich die Tür öffnete. Und

heraus kam ein ganz und gar bekleideter Junge. Der Mutter verschlug es die Sprache. Diesen Augenblick der Sprachlosigkeit nutzte der Junge, griff nach seiner Tasche und rief seiner Mutter beim Verlassen der Wohnung nur noch zu: „Ich möchte heute bei Michael schlafen, darf ich doch – oder?“
Vor Schreck blieb ihr buchstäblich die Spucke weg. Ehe sie etwas hätte dazu sagen können, war der Junge weg. Sie rief ihren Mann im Büro an. Der war genauso verwirrt wie sie.
Eigentlich waren die Eltern erleichtert, daß Rainer heute bei Michael schlief. So konnten sie über das Thema reden, ehe sie mit ihrer ganzen Verwirrung mit dem Jungen sprachen. Da hatte Inge, Rainers Mutter, eine Idee. Sie rief einen Studienkollegen an, der Kinderpsychologe geworden war. Sie erzählte ihm die Geschichte. Und der reagierte gleich: „Mensch, der Sohn hat euch doch freigegeben für heute abend. Kommt doch zu uns, dann reden wir in Ruhe darüber.“ Sie waren sehr angetan von diesem Vorschlag.
Beim gemeinsamen Gespräch wurde offenbar, daß Rainer ein stärkeres Bedürfnis nach einer eigenen Intimsphäre hatte als seine Eltern. Und nach und nach rückten sie auch damit heraus, daß sie diese Rund-um-die-Uhr-Offenheit eigentlich gefühlsmäßig auch gar nicht so gut fanden, daß sie im Grunde auch hin und wieder das starke Bedürfnis hatten, einmal ganz ungestört Frau und Mann und nicht immer auch Vater und Mutter zu sein. Sie hatten sich zu dieser Lebensweise im Grunde nur Rainers wegen durchgerungen. Er sollte nicht in so einer verklemmten Atmosphäre aufwachsen, wie sie beide zu Hause erzogen worden waren. War das ein Fehler?
„Ein Fehler war das ganz und gar nicht“, sagte der Freund, der Psychologe ist. „Nur: Vielleicht sucht Rainer nun gerade nach den ihm gemäßen Grenzen für die Schamhaftigkeit, nach seinen Grenzen für die Intimsphäre. Daß er sich das getraut hat, zeigt ja, wieviel Vertrauen er in euch hat! Nun müßt ihr euch dieses Vertrauens auch würdig erweisen,

indem ihr seine Grenzsuche akzeptiert."
„Heißt das: Wir sollten gar nicht fragen, was das Tür-Abschließen soll?!" fragte Inge. „Was meint ihr denn, wie Rainer reagiert, wenn ihr ihn danach fragt und er im Unterton heraushört, daß ihr das nicht gut findet?" fragte der Freund. „Na ja, vielleicht wird er sich dann nicht mehr einschließen, denn er bemüht sich ja, es uns im allgemeinen recht zu machen." „Und das würde dann aber bedeuten", warf Rainers Vater ein, „daß er aufhört mit der Suche nach den eigenen Grenzen seiner Intimsphäre". „Genau", bestätigte der Freund. „Dann sollten wir ihn also daraufhin nicht ansprechen?" fragte Inge noch mal zurück. „Entscheiden müßt ihr das natürlich selbst!" nahm der Psychologe die Eltern voll in ihre Verantwortung.
Rainers Eltern haben den Jungen nicht auf sein verändertes Verhalten angesprochen. Rainer schloß sich fortan immer ein, wenn er im Bad war. Die Eltern gewöhnten sich daran, verhielten sich aber selbst wie bisher. Wenn Michael Rainer besuchte, verschwanden die beiden sehr bald im Kinderzimmer. Auch wenn Beatrix kam, Rainers Kindergartenfreundin, verzogen sich die beiden in Rainers Zimmer. Früher waren die Kinder immer in der ganzen Wohnung herumgetollt. Die Eltern sagten auch dazu nichts, obwohl es sie etwas traurig stimmte, weil sie immer auch ein wenig das Gefühl hatten, Rainers Vertrauen verloren zu haben. Aber andererseits verhielt sich der Junge in allen anderen Bereichen wie bisher. Er war zu den Eltern eigentlich eher noch liebevoller. „Vielleicht findet er es gut, daß wir nicht in ihn gedrungen sind", meinte Rainers Vater.
Diese Vermutung bestätigte sich Jahre später. Rainer war etwa elf Jahre, als er von selbst auf jenen Tag zurückkam. Beiden Eltern war aufgefallen, daß er duschte, ohne die Tür abzuschließen. Als er aus dem Bad kam, setzte er sich ins Wohnzimmer und erzählte dies und das. Beide Eltern merk-

ten, daß er was auf dem Herzen hatte. Sie sagten ihm das. „Ja", sagte der Junge, „ich wollte euch eigentlich schon lange mal etwas sagen. Ich fand das ganz prima, daß ihr mich damals gar nicht zur Rede gestellt habt, weil ich mich beim Duschen eingeschlossen hab'. Jetzt schließe ich mich aber nicht mehr ein. Eigentlich ist das ja doof." „Und warum hast du es denn gemacht?" fragte der Vater. „Na ja", stotterte Rainer, „weil mir das richtig auf den Keks ging, daß man nirgendwo mal ungestört für sich sein konnte. Ihr kamt ja überallhin, ohne euch vorher bemerkbar zu machen. Bei allem, was wir gemacht haben, ich und meine Freunde, da hat man immer gedacht, ihr kommt vielleicht gleich mal rein. Und irgendwie hat mich das genervt." „Du hättest uns das aber doch einfach nur sagen können, dann hätten wir uns schon etwas zurückgehalten", sagte die Mutter und nahm den Jungen in den Arm. „Na ja", warf Vater ein, „das konnte er wohl noch nicht. Er war ja erst fünf!"
„Was hältst du davon", fragte der Vater, „wenn wir verabreden, daß jeder, der zum anderen ins Zimmer will, vorher anfragt, ob es recht ist, oder einfach klopft." „Fände ich sehr gut", antwortete Rainer, „nur: was ist, wenn ich mal ‚nein' sage, was denkt ihr dann?" Lächelte die Mutter: „Na einfach, daß du nicht gestört sein möchtest." „Das wär' toll!" war Rainer ziemlich platt. „Na, dann, abgemacht!" gaben sich alle das heilige Indianerehrenwort, wie es bei ihnen immer bei wichtigen Versprechungen üblich ist.
Gerade Kinder, deren Eltern ohne das Druckmittel Scham erziehen wollen, zeigen oft bei Gelegenheiten, daß sie sich schämen, bei denen das die Eltern überhaupt nicht verstehen können. Am FKK-Strand, an dem sich die ganze Familie schon lange ganz unbekümmert nackt bewegt hat, bestehen sie plötzlich auf der Badehose. Bei Doktorspielen wollen sie keine erwachsenen Zuschauer. Und selbst wenn sie sich vor dem Kinderarzt ausziehen sollen, stellen sie sich an. Auf der

Suche nach den ihnen gemäßen Schamgrenzen oder nach denen der ihnen gemäßen Intimsphäre, engen sie sich freiwillig manchmal weiter ein, als das der altmodischste Erzieher je erwarten würde. Sie suchen ja noch nach dem rechten Maß. Und da wollen sie keine Vorgaben. Sie wollen es ausprobieren und müssen wohl auch ganz allein hinter ihre Bedürfnisse kommen.

Faszinierend waren für mich die wiedergegebenen Beobachtungen der beiden Elternpaare, weil sie so deutlich zeigen: Sexuelle Scham ist nicht immer nur eine veraltete, überholte Vorgabe der Erzieher, sondern oft auch ein inneres Bedürfnis, sich abzugrenzen. Dann ist sie vor allem der Ausdruck der Forderung nach einer Intimsphäre.

Von der Sexualität des Kindes in der Vorpubertät

Sprachverirrungen in der Vorpubertät

Freud nannte die auf die phallische Phase folgenden etwa fünf Jahre die Latenzphase, weil ihm die sexuellen Antriebe bis zur Pubertät zu schlummern schienen. Heute sprechen wir von Vorpubertät. Gut achtzig Jahre sind verstrichen, seit Freud seine Beobachtungen machte, und inzwischen hat sich ein Entwicklungswandel vollzogen. Die Sexualreife tritt heute wesentlich früher ein und wirft auch ihre Schatten schon weit in die Zeit davor. Zudem nehmen die Sechs- bis Elfjährigen heute sehr viele sexuelle Anreize aus ihrer Umwelt auf, aus Film und Fernsehen, aus der Presse und der Werbung zum Beispiel. So können die sexuellen Antriebe kaum zur Ruhe kommen. Und damit ist die sogenannte Latenzphase passé.

Die Vorboten einer sehr frühen sexuellen Reife treffen auf ein noch nicht voll entwickeltes Denken und die Gewißheit, daß Eltern und Miterzieher nicht so stark regelnd in das Verhalten der Kinder eingreifen wie frühere Generationen. Dabei entsteht beim Nachwuchs eine „Kindervolkslyrik", von der manche Eltern sich nichts träumen lassen.

Ernest Bornemann hat in einer Studie „Zur Befreiung des Kindes" eine Menge davon gesammelt und klassifiziert. Er hörte die Reime und Verse auf der Straße und auf Kinderspielplätzen, fand sie an die Wände der Schultoiletten geschrieben. Es beginnt mit den besonderen Abzählreimen. Zu-

erst geht es vor allem um die Ausscheidungen, dann um Sexuelles. Bereits bei den Anfängen haben die Verse einen rüden, manchmal auch ordinären Ton.
Ein paar Beispiele:

Heini Klausen,
Läßt einen sausen
Mit Getose
In die Hose
Mit Gebraus –
Und du bist aus.

Oder:

Wenn der Aff aff Dscheißn geiht,
Da geiht er hindas Haus.
Und wenn er koa Papia net hat,
Do wischt er mit der Faust.
Eins, zwei, drei – und du bist aus.

Oder:

Pepita Popo
Sitzt auf'm Klo.
Pepita Pipi
Macht Kikeriki.
Macht A-a.
Pepita Pupu
Raus bist du!

Auch bei den Abzählreimen kommen schon sexuelle Andeutungen hinzu, etwa bei dem Mädchen-Abzählreim mit Fingerbewegungen auf bestimmte Körperteile:

Finger zeigt auf die Augen	*Augensterne!*
Finger zeigt auf die Nase	*Rotzkaserne!*
Finger zeigt auf den Mund	*Freßmaschine!*
Finger zeigt auf den Busen	*Milchkantine!*
Finger zeigt auf den Unterleib	*Kinderstube!*
Finger zeigt auf die Vulva	*Selterbude!*
Finger zeigt auf den After	*Wurstfabrik mit Dampfbetrieb!*

Wie weit diese Verse gehen können, soll ein letztes Beispiel zeigen, das ein Freund auf einem Jungenschulklo in Hamburg fand:

Männer motzen,
doch die Fotzen
haben nur mit Pimmel
den siebten Himmel.

Zu solchen zweifellos ordinären Sprüchen kommen dann meist noch ebensolche Zeichnungen. Eltern sollten wissen, in welcher Tonart ihre Kinder in diesem Alter von Sexuellem reden oder zumindest reden hören. Da ist nicht mehr viel Raum für die Zärtlichkeit, die in früheren Entwicklungsstadien den Zauber erster Beziehungen zwischen Jungen und Mädchen ausmachte. Auch schmutzige Witze sind jetzt Pausengespräch. Kinder, die sie noch nicht verstehen, erzählen den einen oder anderen harmlos und naiv zu Hause. Machen Sie gute Miene zum bösen Spiel! Es handelt sich um eine – wenn auch für manchen schwer erträgliche – Zwischenstufe in der Entwicklung. Die vielen sexuellen Reize der Umwelt können offenbar von den Kindern in diesem Alter noch nicht anders verarbeitet werden.

Sechs- bis Elfjährige und das andere Geschlecht

Die schmutzigen Witze, Verse und Sprüche machen meist nur unter gleichgeschlechtlichen Kindern die Runde. Vor dem anderen Geschlecht werden sie streng gehütet. Im Umgang mit ihm macht sich zunächst einmal eine Tendenz breit: Die Geschlechter rücken erst einmal auseinander. Das beginnt schon in der Familie.

Schwärmte der Sohn bisher in den höchsten Tönen von seiner Mutter, prahlt er nun mehr mit dem Vater. Ging er bisher auf jede mütterliche Zärtlichkeit ein, ziert er sich jetzt manchmal schon beim Gute-Nacht-Kuß. Besetzte die Tochter, wann immer das möglich war, den väterlichen Schoß, so weicht sie jetzt dem Vater eher aus. Solcher Wandel vollzieht sich natürlich nicht von heute auf morgen, sondern über eine längere Zeit.

Die Tiefenpsychologen deuten dieses Verhalten, das freilich nicht bei allen Kindern zu beobachten ist, so: In der Familie wird jetzt die Inzestschranke aufgebaut. Außerdem liegt auch ein allgemeiner Sinn in dieser Entwicklung: Die Kinder werden sexuell weniger stimuliert, was dann doch noch ein wenig Ruhe in die Vorpubertät bringt.

Die Tendenz, vom anderen Geschlecht ein Stück abzurücken, ist auch unter Gleichaltrigen deutlich zu spüren. Das schulische Lernen ist noch neu, fasziniert viele Schulanfänger und nimmt einen großen Teil ihres Denkens und Tuns gefangen. Oft hat sachliche Neugier Vorrang. Und: In diesem Alter werden die geschlechtsspezifischen Unterschiede in Begabung und Neigung deutlich. Die Jungen wenden sich intensiver der Natur und Technik zu, die Mädchen entfalten ihre mehr musischen, sprachlichen, ihre kreativen Begabungen.

Diese unterschiedlichen Ausrichtungen der Geschlechter – im Regelfall – führen auch zu neuen Einschätzungen des anderen Geschlechts. Marita Persian fragte für die Redaktion der Zeitschrift „unser kind“ Jungen und Mädchen in diesem Alter. Eine kleine Auswahl der Antworten:
Florian, 8:
„Lahme Enten sind die Mädchen. Jungen sind viel schneller. Sie haben auch mehr Kraft!“

Oliver, 8:
„Wir werden ja Männer, wir Jungs. Und Männer sind es ja eigentlich nicht gewohnt, mit Mädchen zu spielen, wenn sie noch klein sind. Deshalb warte ich, bis ich groß bin.“

Sebastian, 9:
„Mädchen sind alle bekloppt, die können nichts als petzen!“

Björn, 10:
„Die Weiber sind immer so zickig, weil sie denken, sie sind die schönsten.“

Der elfjährige Mark kann den Mädchen schon wieder eine gute Seite abgewinnen, aber auch nur eine:
„Mädchen sind gut zum Küssen. Aber sonst sind sie blöd!“

Die Mädchen dieser Altersgruppe sind allerdings nicht viel besser auf die Jungen zu sprechen.

Jasminka, 6:
„Ich mag Jungen nicht, weil sie immer sagen, Mädchen dürfen keine Piraten sein. Wenn sie mich dann doch mal mitspielen lassen, muß ich immer Köchin sein. Dabei gibt es auf Piratenschiffen gar keine Köchin!“

Alexandra, 7:
„Schade, mit Jungen kann man keine Freundschaft schließen, die sind nicht lieb!"

Anja, 10:
„Die Jungs tun immer so, als wenn nur wir immer küssen wollen, dabei wollen sie es auch!"

Doch die Talente, Interessen und Neigungen werden ja nicht nur durch geschlechtsspezifische Anlagen nun unterschiedlich. Sie werden in dieser Zeit nun auch stärker individuell geprägt. Dadurch gibt es natürlich auch Mädchen, die naturwissenschaftlich begabt und interessiert sind oder einen Narren an technischen Raffinessen gefressen haben. Sie werden auch jetzt eher Freunde unter den Jungen als unter den Mädchen finden. Das gleiche gilt für Sportbegeisterte, die sich einem als männlich verstandenen Sport zugewandt haben. Ein fußballspielendes Mädchen zum Beispiel kann ihren Fußball nur in einer Jungen-Mannschaft spielen. Und wenn sie sich dann in ihr bewährt, dann wird kein Junge in diesem Alter auf dieses Mädchen etwas kommen lassen.
Ebenso gibt es Jungen, die sprachlich, musisch oder in allen Dingen kreativ begabt sind. Sie werden leichter unter den Mädchen Freunde finden als unter ihren Geschlechtsgenossen. Ein Junge zum Beispiel, der Ballett tanzen möchte, verbringt ganz zwangsläufig einen großen Teil seiner Freizeit mit den Mädchen und wird von ihnen meist auch bei ihren allgemeinen Jungen-Beschimpfungen ausgenommen.
Doch wo es jetzt Kinderfreundschaften mit dem anderen Geschlecht gibt, so sind sie anders als früher. Im Kindergartenalter verbanden oft zärtliche Bande Jungen und Mädchen. Jetzt führen eher gleiche Interessen zur Freundschaft mit dem anderen Geschlecht.

Die Hohe Schule der Aufklärung

Wenn Kinder wissen, wie Kinder gezeugt und geboren werden und daß zur Sexualität Zärtlichkeit und Liebe gehören, dann haben sie schon ein gutes Fundament, auf dem Eltern bei den Jungen und Mädchen im Grundschulalter aufbauen können.

Die Kinder sehen, hören und lesen nun so viel aus diesem Bereich, was sie noch nicht verstehen, aber verstehen möchten. Was sind Prostituierte, Zuhälter, Homosexuelle, Lesben, Transvestiten, Exhibitionisten ...? Was ist ein Freudenhaus, was Pornographie? Von allen Seiten stürzen fremde Begriffe auf sie ein. Sie reden auch mit ihren Geschlechtsgenossen darüber. Und dabei wird dann aus der Prostituierten eine Nutte und aus dem Freudenhaus ein Puff. Die Jüngeren lernen von den Älteren, auch in diesem Bereich. Und wenn sie dann zu Hause Fragen stellen, kriegen manche Eltern erst einmal einen Schock.

Versuchen Sie, die Fragen dennoch sachlich zu beantworten. Denn ein fragendes Kind bemüht sich ja um sachliche Aufklärung. Und dabei müssen Eltern ihrem Nachwuchs behilflich sein. Sonst wendet er sich nur noch an die Besserwisser der Schule, und dabei wird meist alle Aufklärung verdorben. Wenn Sie selbst etwas gar nicht so genau wissen, weil Sie schließlich nicht in dem Milieu zu Hause sind, so schlagen Sie zusammen mit dem Kind in einem geeigneten Buch nach. Wer dann über auch abseitige Themen der Sexualität nicht nur sachlich, sondern auch noch ganz persönlich spricht, hat die Chance, dem Kind auch noch wichtige Werte vermitteln zu können. Ein Beispiel kann die Prostitution sein.

Ich würde einem Kind hier zum Beispiel sagen:

„Für mich gehört zur Sexualität immer Liebe. Ich liebe deinen Vater, darum schlafe ich auch sehr gern mit ihm. Ich könnte außer mit ihm jetzt mit keinem anderen Mann schlafen, denn ich liebe jetzt keinen anderen Mann. Prostituierte schlafen mit jedem Mann, der dafür bezahlt. Für sie ist Sexualität ein Geschäft, ein Beruf. Mein Beruf, mein Geschäft könnte es nicht sein. Aber das gilt für mich. Andere Menschen können darüber anders denken. Mit einer Ausnahme: Mir ist es immer wichtig, daß ich in diesem Punkt mit meinem Partner, mit deinem Vater übereinstimme."

Ähnlich sähe meine Antwort auf eine Frage nach der Pornographie aus. Nachdem die sachlich beantwortet wäre, würde ich hinzufügen:

„Wenn nun also die jungen Frauen vor der Film- oder Fotokamera den Geschlechtsakt mit Männern vorführen, so ist das ihr Geschäft. Für mich gehört immer Liebe zur Sexualität. Für mich könnte sie also nie ein Geschäft sein. Darum habe ich in meiner Jugend auch nie Pornofotos oder Pornofilme von mir machen lassen. Und ich habe darum auch keinen Spaß daran, solche Filme und Fotos anzuschauen. Und dann ist da noch etwas, was mich stört: Für mich gehört die Sexualität immer in die Intimsphäre. Mit der Pornographie wird sie an die Öffentlichkeit gezerrt. Und das finde ich unangenehm."

Wenn es um Fragen nach Lesben und Homosexuellen geht, kommt ein ebenfalls wichtiger Wert ins Gespräch: die Toleranz. „Ich selbst kann mir nicht vorstellen, eine Frau zu lieben", würde ich erklären, ich würde allerdings hinzufügen: „Sexualität und Liebe sind aber ganz persönliche Erlebnisse. Und wenn andere Frauen sie mit anderen Frauen haben, dann ist das allein ihre Sache. Ich habe das nicht zu beurteilen."

Wenn Sie Ihrem Nachwuchs Ihre persönlichen Meinungen mitgeben möchten und sie ihm also gegenüber so vertreten, dann muß das stets vor dem Alltag Bestand haben. Ein Vater, der doch hin und wieder einmal in ein Freudenhaus geht, kann sich natürlich nicht so eindeutig gegen das Geschäft mit der Sexualität äußern. Eltern, die Toleranz gegenüber Homosexuellen oder Lesben gepredigt haben, können nicht mit einem Satz reagieren „Das ist etwas ganz anderes“, wenn der eigene Sohn ihnen einmal eröffnen würde, er sei homosexuell. Gibt es da zwischen Wort und Tat erhebliche Unterschiede, ist das Vertrauen ein für allemal verloren. Wer die Werte, die er seinem Nachwuchs gern vermitteln möchte, selbst nicht realisieren kann, sollte sich bei Fragen in dieser Altersstufe auf sachliche Antworten beschränken.

Zur Hohen Schule der Aufklärung gehören natürlich auch Antworten auf Fragen nach Verhütungsmitteln, nach Aids, auch nach sexuellen Straftaten und nach Geschlechtskrankheiten.

Doch auch für diese Altersstufe gilt, daß vor allem Antworten auf Fragen gegeben werden sollten. Wonach nicht gefragt wird, das ist dann eben kein Thema. Viele der hier angeschnittenen Fragen werden mutmaßlich, wenn überhaupt, erst später gestellt. Nur: Wenn sie jetzt gestellt werden, müssen sie eben jetzt beantwortet werden. Und es ist gut, wenn sie jetzt gestellt werden. Denn die Vorpubertät ist bei den meisten Kindern noch eine Zeit, in der sie sich von ihren Eltern noch „etwas sagen lassen“. Je mehr sie darum jetzt in vertrauensvollen Gesprächen erfahren, desto weniger schiefe Bilder nehmen sie in die Zeit der Pubertät mit hinein.

Sexualität in Kinderträumen

Kinder träumen natürlich nicht erst im Schulalter. Doch die meisten können erst jetzt ihre Träume so erzählen, daß sich die Eltern ein Bild davon machen können. Darum behandle ich das Thema an dieser Stelle.

Vorauszuschicken ist: Die meisten Träume sind nicht von allergrößter Bedeutung. Manche Träume sind körperlich bedingt. Wenn ein Kind zum Beispiel zu viel oder zu fett gegessen hat, wenn es darum eng wird im Körper, macht das unbewußt Angst. Das kann manchmal durchaus der Auslöser für einen Angsttraum sein. Oft werden einfach nur die sogenannten Tagesreste im Traum verarbeitet. Hat zum Beispiel ein Kind einen aufregenden Fernsehfilm gesehen, kann es sein, daß es einzelne Episoden wie im Film oder in einem ihm sympathischeren Ablauf träumt. Oder es hat einen Ausflug gemacht, der ihm besonderen Spaß bereitete. Dann begleiten es die Höhepunkte bis in den Schlaf. Außerdem gibt es noch die sogenannten Warnträume. Da hat das Kind am Tag unterbewußt wahrgenommen, daß die Bremsen an seinem Fahrrad nicht mehr perfekt funktionieren, daß eine Leitersprosse angebrochen oder eine Grube nicht abgedeckt ist. Im Traum kommt diese Wahrnehmung ins Bewußtsein. Da fährt das Kind einen steilen Abhang hinunter und kann nicht bremsen, steigt auf die Leiter und stürzt oder fällt in die Grube. Erzählt Ihnen Ihr Kind einmal einen solchen Traum, so sollten Sie die Unfallquelle in der Realität sofort untersuchen. Ist alles in Ordnung, so könnten solche Traumszenen auch eine tiefere Bedeutung haben, zur Gruppe der Fallträume gehören.

Alle Menschen, die sich an ihre Träume erinnern können, kennen auch Fallträume. Man stürzt aus dem Flugzeug, über das defekte Geländer in den Abgrund, aus dem Fenster... Man fällt und fällt – man kommt nirgendwo an, sondern wacht auf.

Kinder haben solche Fallträume vor allem im Alter zwischen sieben und zehn Jahren. Die meisten Psychologen glauben, daß diese Art von Angstträumen aufkommt, wenn dem Kind bewußt wird, daß es seine Triebe nicht sicher steuern kann. Das macht ihm Angst. Und das findet in Fallträumen seinen Ausdruck.

Wenn Ihnen Ihr Kind von einem Falltraum erzählt, sollten Sie ihm zunächst helfen, die Angst zu überwinden. Kinder in diesem Alter können schon Traum und Wirklichkeit unterscheiden. Sie können ihm also, wenn es schweißgebadet aufwacht, beruhigend sagen: Das war nur ein Traum. Aber sie können ihm auch schon erklären: „So etwas träumen wir, wenn wir am Tage spüren, daß wir unsere Gefühle nicht immer beherrschen." Sie können dann sogar auf die Probleme hinweisen, die das Kind gegenwärtig hat, etwa: „Du weißt ja, du bist immer ungeheuer wütend, wenn Winnie mal mit anderen Jungen spricht, dann tobst du herum und weißt gar nicht, was du redest. Im Traum weißt du dann nicht, wo du ankommst, wenn du fällst."

Wenn Sie das Kind im Zusammenhang mit seinen Träumen allerdings auf ein Fehlverhalten hinweisen wollen, sollte das in Liebe und ohne Vorwurf geschehen, vielleicht indem Sie das Kind umfassen und sanft mit ihm reden. Wenn es Ihre Worte als Vorwurf auffaßte, könnte es sein, daß es Ihnen seine Träume nicht mehr erzählt.

Fallträume müssen nicht, aber sie können mit der sexuellen Entwicklung des Kindes zu tun haben. Fast immer haben die sogenannten Kastrationsträume mit Sexualität zu tun. Vor allem Jungen zwischen fünf und sieben Jahren haben oft große Angst davor, daß jemand ihre Männlichkeit verletzen könnte. Diese Angst verfolgt sie bis in ihre Träume. Und dann rücken furchterregende Gestalten mit blinkenden Mes-

sern und Scheren an und kommen immer näher. Es gibt manchmal auch Mädchen, die von solchen Träumen erzählen. Die Psychologen sprechen dann davon, daß sie die Angst ausdrücken, in der Persönlichkeit verletzt zu werden. Wenn Ihnen Ihr Kind einen solchen Traum erzählt, raten Sie ihm, sich abends ganz fest vorzunehmen: Wenn heute nacht wieder diese Leute mit den blinkenden Messern kommen, werd' ich es denen zeigen. Ich nehme ihnen ganz einfach die Messer ab! Auch viele Erwachsene kennen das Rezept gegen Angstträume oft nicht. Kinder können sich meist noch weniger vorstellen, daß man seine Träume beeinflussen kann. Der psychologische Trick ist klar: Wenn das Kind sich in Gedanken immer wieder vornimmt, diesen Leuten die Messer einfach abzunehmen, stärkt es sein Selbstbewußtsein, verringert die Angst und fühlt sich stark. Und dieses neue Gefühl von Stärke verändert den Traum. Wir träumen ja nur, was wir sind.
Ganz ähnlich ist auch das Rezept gegen eine andere Art von Angstträumen, die Verfolgungsträume. Verfolgung gehört zu den häufigsten Traumthemen überhaupt. Der Psychologe Jean Piaget berichtet von einem Traum, den ihm seine Tochter erzählte, als sie 5 ¾ Jahre alt war. „Ich habe von einem ganz kleinen Männchen geträumt, mit einem ganz dicken Kopf. Es ist mir nachgelaufen, um mir weh zu tun."
Kinder träumen auch, ein wildes Tier ist hinter ihnen her, eine Hexe, irgendeine furchterregende Gestalt. Die Psychoanalyse hat diese Erklärung parat: Das kleine Mädchen wünscht sich, von dem Männchen verfolgt zu werden. Die Flucht ist um so heftiger, je intensiver es sich das wünscht. Da spielt also der Sexualtrieb schon eine traumgestaltende Rolle. Es ist so, als liefen die Kinder, vor allem zwischen drei und acht Jahren, den eigenen erwachenden sexuellen Wünschen davon. Sie haben im Grunde Angst vor dem Unbekannten in der eigenen Person.

Erzählt Ihnen Ihr Kind einen solchen Traum, sollten Sie ihm ebenfalls sagen, daß Sie seine Angst gut verstehen. Und Sie könnten hinzufügen: „Das Tollste an unseren Träumen ist, daß wir darin auch ganz stark werden können. Nimm dir ganz fest vor, jeden Abend: Wenn ich wieder einmal so etwas träume, werde ich stehenbleiben und dem Unbekannten einfach ganz fest ins Auge sehen! Dann wird er zurückschrecken und wird mir nichts mehr tun können."

Das sind natürlich nicht alle Träume, die ein Kind haben kann. Aber es sind die wichtigsten von denen, die mit dem Thema Sexualität zu tun haben können.

Anhang

Empfehlenswerte Lektüre für Eltern

Berger, Manfred:
Sexualerziehung im Kindergarten, Brandes & Apsel, Frankfurt

Bornemann, Ernest:
Das Geschlechtsleben des Kindes, dtv, München

Dalichow, Irene:
Sanfte Massagen für Babys, Kinder und Eltern – Liebe, die durch die Haut geht, rororo – *Mit Kindern leben*, Rowohlt Taschenbuchverlag, Reinbek

Deutsche Aids-Hilfe (Hrsg.):
Aids – medizinisch-biologische und gesellschaftliche Aspekte einer Krankheit, Beltz-praxis, Weinheim

Hoerner-Nitsch v., Cornelia:
Das Schmusebuch – zärtliche Spiele für Babys, Kinder und Eltern, rororo – *Mit Kindern leben*, Rowohlt Taschenbuchverlag, Reinbek

Kaiser, Heidi:
So sag ich's meinem Kinde – Zärtlichkeit und Schmusen, Liebe und Sexualität, rororo – *Mit Kindern leben*, Rowohlt Taschenbuchverlag, Reinbek

Kentler, Helmut:
Eltern lernen Sexualerziehung, rororo – *Mit Kindern leben*, Rowohlt Taschenbuchverlag, Reinbek

Koch/Lutzmann:
Stichwörter zur Sexualerziehung, Beltz-praxis, Weinheim

Leboyer, Frederick:
Sanfte Hände, Kösel, München

Mönkemeyer, Karin:
Wie Kinder Freunde werden, rororo – *Mit Kindern leben*, Rowohlt Taschenbuchverlag, Reinbek

Nitsch, Cornelia u.a.:
Sexualität im Familienalltag – Von der Lust während der Schwangerschaft bis zum ersten Partner des Kindes, Mosaik, München

Schuster-Brink, Carola:
Kinderfragen kennen kein Tabu, Otto Maier, Ravensburg

Steinhage, Rosemarie:
Sexuelle Gewalt – Kinderzeichnungen als Signal, rororo – Sachbuch 91, Rowohlt Taschenbuchverlag, Reinbek

Stern, N. Daniel:
Die Wahrnehmung des Säuglings, Klett-Cotta, Stuttgart

Wanke, Peter/Tripammer, Maria:
Sexueller Mißbrauch von Kindern, Jugend und Volk, Wien

Empfehlenswerte Aufklärungsbücher für Schulkinder

1. Aufklärungs-Sachbücher

Fagerström, G./Hansson, G.:
Peter, Ida und Minimum, Otto Maier, Ravensburg

Schneider, Silvia:
Das Mädchen-Aufklärungsbuch – Wachsen und erwachsen werden, ab 11 Jahre, Ueberreuter, Wien

Tordjman, Gilbert/Morand, Claude:
Wie ist das, wenn man größer wird? Aufklärung für das Alter 6 – 9, Ueberreuter, Wien

dieselben:
Wie ist das, wenn man größer wird – Aufklärung für das Alter 10 – 13, Ueberreuter, Wien

2. Erzählendes

Helme Heine/Askenaza, Ludwig:
Du bist einmalig – zehn zärtliche Geschichten, Middelhauve, Köln

Manfred Mai:
Warum-Geschichten vom Schmusen und Liebhaben, Loewes, Bindlach

Nöstlinger, Christine:
Jokel, Julia und Jericho, Beltz & Gelberg, Weinheim

Peterson, Hans:
Anna ist verliebt, Carlsen, Hamburg

Pressler, Mirjam:
Jessi, ich schenk dir meinen Wackelzahn, Otto Maier, Ravensburg

Anmerkungen

1 Daniel Stern:
Die Lebenserfahrung des Säuglings,
Verlag Klett-Cotta, Stuttgart 1992, Seite 102

2 ebd., Seite 331

3 Ernest Bornemann:
Das Geschlechtsleben des Kindes, dtv, München, Seite 39

4 R. Spitz:
Ein Nachtrag zum Problem des Autoerotismus – Frühe sexuelle Verhaltensweisen und ihre Bedeutung für die Persönlichkeitsbildung, in: „Psyche" 1964/65, zitiert nach: Manfred Berger: *Sexualerziehung im Kindergarten,* Brandes & Apsel Verlag, Frankfurt 1988, Seite 36

5 Ernest Bornemann, a.a.O., Seite 40

6 Sigmund Freud:
Gesammelte Werke, Band XV, Frankfurt 1969, Seite 310

7 Ernest Bornemann, a.a.O., Seite 44

8 Ernest Bornemann:
Wie Ihr Kind ein besseres Verhältnis zum Sex bekommt,
in: „unser kind" 1/1985, Seite 12

9 ebd.

10 Benjamin B. Wolmann:
zitiert nach „unser kind" 5/1991, Seite 10

[11] Jerome Fass:
zitiert nach „unser kind" 5/1981, Seite 10

[12] Helmut Kentler:
Eltern lernen Sexualerziehung, Rowohlt Verlag, Reinbek, Taschenbuchausgabe 29.–32. Tausend 1990, Seite 66

[13] ebd., Seite 67

[14] Werner Habermehl:
Die erste Liebe, in: „unser kind" Heft 6/1986, Seite 7

[15] Norbert Bischof:
Das Rätsel des Ödipuskomplex, Piper Verlag, München 1986, zitiert nach „unser kind" Heft 2/1986, Seite 24

[16] Manfred Berger:
Sexualerziehung im Kindergarten, Brandes & Apsel Verlag, Frankfurt 1988

[17] ebd., Seite 49

[18] ebd., Seite 46

[19] Rosemarie Steinhage:
Sexuelle Gewalt – Kinderzeichnungen als Signal, Rowohlt Taschenbuch Verlag, Reinbek 1992, Seite 75

[20] Norbert Elias:
Über den Prozeß der Zivilisation, Suhrkamp Verlag, Frankfurt 1976, zitiert nach „Psychologie heute"

12/1987, Seite 21

[21] Wilhelm Rost:
Schäm dich!, in: „Psychologie heute“ 12/1987, Seite 22

[22] ebda. Seite 23

[23] I. Eibl-Eibsfeld:
Die Biologie des menschlichen Verhaltens,
Piper Verlag, München 1986, zitiert nach „Psychologie heute“ 12/1987, Seite 25

Alles ist Sprache

Anhand faszinierender Beispiele sowie an unterschiedlichen Erziehungsproblemen erläutert Françoise Dolto die Bedeutung der Sprache, die das Kind mit seinen Schwierigkeiten ernst nimmt und in der Lage ist, es seinem Gegenüber zu öffnen. Françoise Dolto knüpft mit diesem Buch an den Erfolg ihrer Erziehungsratgeber »Die ersten fünf Jahre« und »Wenn die Kinder älter werden« an.

»Die Antworten von Françoise Dolto sind so lebendig, daß man der Autorin fasziniert folgt.«
Spielen und Lernen

Françoise Dolto
Alles ist Sprache
Kindern mit Worten helfen
Aus dem Französischen von Sylvia Koch
174 Seiten. Broschur.
ISBN 3-88679-184-X

Kinder stark machen

Die Erziehung in den ersten Lebensjahren ist mitentscheidend für die Zukunft unserer Kinder. Ausgehend von ihrer Praxis als Psychoanalytikerin bringt Françoise Dolto in diesem Buch Alltags- und Erziehungsprobleme mit Kindern in ihren ersten Lebensjahren zur Sprache. Dabei stehen jene Entwicklungsschritte des Kindes im Vordergrund, die es erfolgreich bewältigen muss, um Selbständigkeit und innere Autonomie zu erreichen. Eine gelungene Bewältigung dieser Schritte (z.B. die Entwöhnung, das Sauberkeitstraining, die Motorik und soziale Beziehungen) macht unsere Kinder stark für alle Aufgaben, die das nachfolgende Leben stellt.

Françoise Dolto

Kinder stark machen

Die ersten Lebensjahre

Aus dem Französischen von S. und C. Koch

312 Seiten. Broschur.

ISBN 3-88679-85724-1

Alltagsprobleme mit Kindern und Jugendlichen

Auf der Grundlage von Briefen besorgter Eltern beantwortet die bekannte französische Psychoanalytikerin Françoise Dolto Fragen zu beinahe allen Alltagsproblemen, die in der Erziehung von Kindern und Jugendlichen auftreten können. Ihr Buch, das in mehreren Auflagen erschienen ist, gilt heute als Standardwerk eines erfolgreichen Elternratgebers.

»Ein außergewöhnliches Buch, auch in der Art und Weise, wie Françoise Dolto die Themen angeht.« *Frauenfunk Hessischer Rundfunk*

»Ein Buch, das eine bedeutende Rolle bei der Vorbeugung krankmachender Kindheitserfahrungen spielen kann.« *Hamburger Morgenpost*

Françoise Dolto
Alltagsprobleme mit Kindern und Jugendlichen
Die ersten fünf Jahre
Wenn die Kinder älter werden
Aus dem Französischen von Sylvia Koch
608 Seiten. Gebunden. ISBN 3-88679-207-2

BELTZ QUADRIGA